HÉROES C

UNA ESTRELLA EN LA JUNGLA

La vida de Rachel Saint

HÉROES CRISTIANOS DE AYER Y DE HOY

UNA ESTRELLA EN LA JUNGLA

La vida de Rachel Saint

JANET & GEOFF BENGE

EDITORIAL JUCUM

P.O. Box 1138 Tyler, TX 75710-1138

Editorial JUCUM forma parte de Juventud con una Misión, una organización de carácter internacional.

Si desea un catálogo gratuito de nuestros libros y otros productos, solicítelos por escrito o por teléfono a:

Editorial JUCUM
P.O. Box 1138, Tyler, TX 75710-1138 U.S.A.
Correo electrónico: info@editorialjucum.com
Teléfono: (903) 882-4725
www.editorialjucum.com

Una estrella en la jungla: La vida de Rachel Saint

HÉROES CRISTIANOS DE AYER Y DE HOY
Biografías

Aventura fantástica
La vida de Gladys Aylward

Persecución en Holanda
La vida de Corrie ten Boom

Un aventurero ilustrado
La vida de William Carey

La intrépida rescatadora
La vida de Amy Carmichael

Odisea en Birmania
La vida de Adoniram Judson

Alma de Campeón
La vida de Eric Liddell

Padre de huérfanos
La vida de George Müller

Peligro en la selva
La vida de Nate Saint

Peripecia en China
La vida de Hudson Taylor

La audaz aventura
La vida de Mary Slessor

Portador de esperanza
La vida de Cameron Townsend

La tenacidad de una mujer
La vida de Ida Scudder

Emboscada en Ecuador
La vida de Jim Elliot

Desafío para valientes
La vida de Loren Cunningham

C.S. Lewis
Un genio de la narración

Valentía en el Nilo
La vida de Lillian Thrasher

Corazón Pionero
La vida de David Livingstone

La heroína voladora
La vida de Betty Greene

Victoria sobre la venganza
La vida de Jacob DeShazer

Dietrich Bonhoeffer
En medio de la maldad

Agente secreto de Dios,
La vida del hermano Andrés

Esperanza en los Andes
La vida de Klaus-Dieter John

Hazañas en el hielo
La vida de Wilfred Grenfel

Lottie Moon
Perseverancia y sacrificio

Defensora de los desamparados
La vida de Elizabeth Fry

John Wesley
El mundo era su parroquia

Somos una familia
La vida de Charles Mulli

Precursor incansable
La vida de Conde Zinzendorf

Jamás derrotado
La vida de William Booth

El amor que vence
La vida de Richard Wurmbrand

Una estrella en la jungla
La vida de Rachel Saint

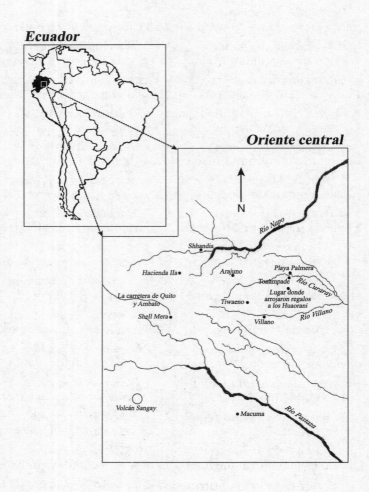

Ecuador

Oriente central

N

Río Napo

Shhandia

Hacienda IIa

Arajuno

Playa Palmera

Tonampade

Río Curaray

La carretera de Quito
y Ambato

Tiwaeno

Lugar donde
arrojaron regalos
a los Huaorani

Río Villano

Shell Mera

Villano

Volcán Sangay

Macuma

Río Pastaza

Índice

Una tarea peligrosa

—El hijo de Tidonca ha muerto —oyó decir Rachel Saint a una de las mujeres huaoranis[1].

Hacía tiempo que esperaba la mala noticia, pues el niño llevaba varios días enfermo. Se levantó pesadamente de su escritorio y fue a buscar al padre.

Mientras caminaba por el sendero que conducía a la choza de Tidonca, separada varios cientos de metros del claro de la selva donde se levantaba la aldea principal, podía oír a los tucanes graznando[2] sobre las ramas de los árboles y a los monos chillando a lo lejos. Por entonces, el sol ya había disipado casi toda la neblina refrescante que ascendía del río por las noches y, la neblina que aún permanecía, dispersaba los escasos rayos de sol que habían logrado abrirse paso por la espesura de la jungla, hasta llegar el suelo.

1   Huaoranis: Tribu indígena establecida en Ecuador, antiguamente conocidos como aucas o aushiris.
2   Graznado: Grito de algunas aves.

Rápidamente llegó a un pequeño claro cerca del camino y encontró a Tidonca sentado sobre un tronco, junto a la pequeña choza de paja a la que llamaba hogar. Estaba afilando una lanza hecha de palma de chonta, aguzando un extremo para convertirlo en una punta afilada. Aquello le pilló por sorpresa; había pensado que estaría preparando la tumba de su hijo recién fallecido.

—¿Qué haces, Tidonca? —preguntó.

Tidonca dejó de sacar punta a la lanza por un momento, levantó la vista hacia Rachel y respondió con rostro inexpresivo:

—Mi hijo ha muerto. ¿Por qué debería vivir la inútil de mi hija?

Un escalofrío recorrió el cuerpo de Rachel. Sabía que Tidonca hablaba en serio. Los aucas solían matar a sus hijas cuando se les moría un hijo varón, o enterrar vivos a los niños cuando morían sus padres. Inconscientemente dio un paso hacia atrás y sintió como si su cabeza empezara a dar vueltas. Tenía que hacer algo, no podía permitir que una niña inocente fuera alanceada hasta la muerte. Pero, ¿qué haría? Tan solo era una estadounidense de mediana edad que vivía en medio de la jungla, rodeada por una tribu famosa por su carácter despiadado. Sin embargo, sin pensarlo mucho, se abalanzó hacia Tidonca, le arrebató la lanza de las manos y corrió hacia el interior de la selva. Fue un gesto desesperado. Mientras avanzaba temió sentir en cualquier momento en la espalda el aguijón de uno de los dardos envenenados de la cerbatana de Tidonca, pero en lugar de ello, escuchó la voz del guerrero llamándola:

—¡Nimu, devuélveme la lanza!

—¡No, no vas a matar a tu hija con ella! —respondió Rachel volviendo la cabeza sin dejar de correr.

Estuvo vagando varias horas por la jungla a lo largo de senderos llenos de vegetación, hasta que, finalmente, decidió regresar con la lanza a su propia choza. Al llegar, se encontró a Kimo, uno de los hombres de la tribu, que la esperaba en el exterior. Temió que estuviera enfadado con ella o, peor aún, que quisiera atravesarla con su lanza. En lugar de ello, una sonrisa iluminaba su avejentado rostro color café.

—Tidonca está muy enfadado contigo —dijo Kimo—, pero le he dicho que eres mi amiga y que si quiere clavarte su lanza tendrá que matarme a mí primero.

Rachel no sabía qué responder. Era la primera vez que veía a un miembro de la tribu defender a alguien aunque eso significara oponerse a la forma en que siempre se habían hecho las cosas. Y deseó que esa postura tan valiente no fuera a costarle la vida al propio Kimo.

Afortunadamente, Tidonca se concentró en los ritos fúnebres y no hubo más derramamiento de sangre.

A la mañana siguiente, tomó la lanza de Tidonca y volvió a recorrer el sendero que conducía hasta su choza. Una vez más, lo encontró sentado sobre el tronco situado a la puerta de su casa. Rachel avanzó cautelosamente, mientras le ofrecía con los brazos extendidos el arma. Temía que la utilizara de inmediato para darle muerte. Al fin y al cabo, al arrebatársela y salir corriendo lo había humillado. Él era un guerrero huaorani y ella una mujer extranjera, y le había quitado su lanza. Tidonca la miró y asintió a regañadientes, recuperó su arma y se metió en su choza. Rachel permaneció allí esperando algunos momentos. Había superado la crisis.

Tras superar aquel trago, suspiró aliviada. Había salvado una vida humana y confiaba en que su forma de actuar pudiera hacer entender a los huaorani que todas las personas eran sagradas y dignas de protección, y no algo que pudiera ser destruido de forma brutal e inconsciente. La propia Rachel conocía de primera mano los efectos devastadores de las brutales matanzas que ejecutaban los huaorani. Pero, con la ayuda de Dios, estaba decidida a detener los asesinatos y demostrar a la tribu que había una forma mejor de vivir. Se había embarcado en una tarea muy arriesgada, una tarea que jamás habría podido imaginar cuando era una niña que vivía en los alrededores de Filadelfia.

Capítulo 2

Un nuevo hogar para la familia

Era noviembre de 1918 y Rachel Saint se encontraba sentada sobre una caja, junto una curva del camino que conducía a la mansión de sus abuelos. Tenía cuatro hermanos, y los dos mayores, Sam y Phil, jugaban al escondite entre los numerosos baúles y maletas apilados junto a la entrada de la casa, mientras los dos menores, Dan y David, lloraban desconsolados, porque eran demasiado pequeños y no les dejaban participar en el juego.

Rachel también tenía ganas de llorar. A sus cuatro años, ya era plenamente consciente de que se disponía a dejar atrás todo lo que le había resultado familiar. Nacida en Wyncote, Pensilvania, había residido hasta entonces con sus padres y su familia, cada vez más grande, en una pequeña casita

situada en la misma parcela de terreno en la que
se levantaba la mansión de sus abuelos. De esta le
encantaban sus mullidas alfombras persas, y sus
muebles pálidos y aterciopelados, que la mayor parte del tiempo solo ella podía disfrutar, pues los demás nietos solían tener prohibido el acceso a la casa
de los abuelos. Su abuela les había prohibido la entrada a los nietos varones después de que estos usa-
ran el sofá como un trampolín con el que impulsarse
por los aires para pasar a través de una ventana y
poder así llegar hasta una pila de cojines rellenos
de plumón[1], que habían colocado previamente en el
porche principal.

A finales del siglo XIX, el abuelo de Rachel, Josiah Proctor, había inventado una máquina que permitía a la industria textil trabajar con mayor eficien-
cia. Su compañía, llamada «Proctor and Schwartz»,
y que posteriormente pasaría a llamarse «Proctor
Sílex», fabricaba y comercializaba dicha maquina.
Pero Josiah había fallecido recientemente y, tras el
funeral, Rachel había oído a sus padres comentar
que, con cuatro niños y una niña, la familia se había hecho demasiado grande para la casita en la que
vivían. Si se mudaban al campo, decían ellos, los niños tendrían más espacio para crecer y desarrollar-
se. Ese era el motivo por el que Rachel se encontraba
en aquel momento sentada entre baúles y maletas
en el camino de entrada a la finca de los Proctor. Era
el día escogido para que la familia Saint se mudara
a Huntingdon Valley, una pequeña población rural
situada a las afueras de Abington. Rachel no sabía
qué esperar, pero su madre había tratado de con-
vertir la mudanza en una aventura, así que cuando

---

1   Plumón: Pluma muy delgada, semejante a la seda, que tienen las
aves debajo del plumaje exterior.

no estaba pensando en lo mucho que iba a echar de menos a su abuela, tenía que admitir que la perspectiva de vivir en el campo parecía interesante.

Al final, nada más ver su nuevo hogar en el campo Rachel se enamoró de él. La nueva casa tenía tres pisos y un balcón que recorría todo el tejado, y las calurosas noches de verano sus padres les daban permiso para dormir allí. También había un gran árbol en el patio trasero, con una rama muy alta de la que colgaba una larguísima cuerda de quince metros (cincuenta pies), y a Rachel le encantaba utilizarla para balancearse en ella. Además, Lawrence Saint, el padre de Rachel, construyó una montaña rusa que partía desde el tercer piso de la casa, y que era la forma más rápida de llegar desde el piso de arriba directamente hasta la cocina.

La casa estaba completamente rodeada de lugares donde los niños podían divertirse e inventar todo tipo de juegos. Un arroyo, el Pennypack, pasaba cerca de donde vivían, y constituía el lugar perfecto para nadar en verano y patinar sobre hielo durante los fríos meses de invierno. Pero aunque a Rachel le encantaba patinar, su actividad preferida cada 2 de enero, el día de su cumpleaños, consistía en liderar una expedición familiar en busca de una buena ladera desde donde deslizarse en trineo.

Otra de las cosas que más le gustaba era montar en el viejo auto eléctrico que la familia Saint había heredado de su abuelo Proctor. Se trataba de un vehículo grande y pesado, que funcionaba mediante baterías de plomo y ácido montadas tanto detrás como delante, y se controlaba desde el asiento trasero utilizando, no un volante, sino la caña de un timón, como si fuera una barca. De vez en cuando, el padre de Rachel lo sacaba del granero y la familia se montaba en él para dar una vuelta por la campiña. Pero lo que más le gustaba de verdad eran las veces en que ella y sus padres se iban a dar una vuelta en el auto mientras sus hermanos se quedaban jugando en casa.

Con tantos niños que cuidar y sin criados que la ayudaran, Katherine, la madre de Rachel, había desarrollado un sistema especial para alimentar a toda la familia. Consistía en cocinar una enorme cantidad de un solo tipo de comida, que se servía todos los días de la semana hasta que alguien comenzaba a quejarse, momento en el que preparaba otro menú y volvía a hacer lo mismo. En cuanto a la ropa, como Rachel era la única chica tenía la suya propia, pero los chicos la compartían toda. Katherine Saint lavaba y secaba la ropa de los chicos y luego la colgaba en una gran habitación que había en el piso de abajo. Sus hermanos entraban allí y se ponían cualquier cosa que les sentara bien, y cada día se hacía evidente quien había llegado primero, pues era el mejor vestido.

La infancia de Rachel en Huntingdon Valley fue un torbellino de actividad y posibilidades. Eso sí, las firmes convicciones cristianas de la familia siempre estaban en el centro de todo lo que hacían. Los domingos iban a la iglesia al menos dos veces y los miércoles asistían a la reunión de oración, aunque eso les suponía a veces tener que caminar varios kilómetros. También tenían tiempos de oración y de lectura de la Biblia en los que participaban todos los miembros del hogar, y durante los cuales las oraciones solían centrarse en las necesidades básicas de la familia, como la obtención de comida y otras cosas materiales. Siempre andaban escasos de dinero, ya que su padre, Lawrence Saint, se dedicaba a crear vitrales,[2] y no tenía demasiados clientes. Sin embargo, para compensarlo, la madre de Rachel aprovechaba al máximo todo lo que tenían. Zurcía y volvía a zurcir la ropa, y lograba que medio kilo de alubias[3] fuera suficiente para alimentar a toda la familia. A veces pasaban una semana o más alimentándose solo de leche y cacahuetes.

Cuando Rachel cumplió doce años, su madre ya había dado a luz a otros tres chicos: Steve, Nate y Ben. Rachel y Nate compartían un vínculo especial, a pesar de que él era nueve años menor que su hermana. Katherine y Lawrence Saint criaban a todos sus hijos en el temor de Dios, pero de todos ellos, Nate era el que parecía disfrutar más de las historias bíblicas y misioneras que Rachel les leía, y el que siempre pedía que le leyeran otra más.

Leerle dichas historias a su hermano menor, y a veces incluso representarlas como en un teatro, era una de las actividades favoritas de Rachel. También le gustaban mucho las excursiones familiares de los domingos por la tarde. Cuando hacía buen tiempo, su padre insistía en llevarse al todo el mundo a caminar por los campos de trigo de los alrededores, o a recorrer bosquecillos de altos cedros. Si un domingo por la tarde llovía o nevaba, la familia se sentaba en el salón y todos se ponían a dibujar retratos o a pintar paisajes variados. Dibujar formaba parte de las actividades cotidianas de la familia Saint, y a Rachel le encantaba escuchar las historias que contaban sus padres sobre sus antepasados artistas.

---

2 Vitral (es): Vidriera de colores (artísticas).
3 Alubias: judías. Semillas de forma de riñón. Se cultiva en las huertas por su fruto, comestible, así seco como verde, hay muchas especies, que se diferencian por el tamaño de la planta, color y forma de las vainas y semillas.

A mediados del siglo XIX, en Pittsburgh, el abuelo
de Rachel, James Saint, había sido un talentoso re-
tratista. Sin embargo, como ya en aquella época no
había mucha demanda de pinturas al óleo, se ganaba
la vida a duras penas, viajando por ferias y exposicio-
nes, haciendo y recortando siluetas y vendiéndolas
a un penique la pieza. Debido a ese estilo de vida
itinerante, el padre de Rachel había crecido en los su-
burbios pobres de las ciudades y se había marchado
de casa a los quince años para ganarse la vida ven-
diendo periódicos, con la esperanza de triunfar algún
día como artista. Tras un tiempo, Lawrence Saint se
estableció en Filadelfia, donde dedicó su tiempo libre
a enseñar en una misión cristiana que ministraba
en el sur de la ciudad. Fue mientras trabajaba allí
como voluntario cuando conoció a la madre de Rachel, Katherine Proctor, que acababa de convertirse
al cristianismo, y también se había ofrecido a colaborar con la escuela de la misión. Su relación fue la
clásica historia del joven artista sin dinero y la bella
joven de familia rica que se enamoran perdidamente,
y Rachel jamás se cansaba de escucharla.

Algún tiempo después, Lawrence consiguió un
beca para estudiar arte en Europa y Katherine le
propuso acompañarlo como su esposa. La boda se
organizó deprisa, y la pareja pasó su luna de miel
en París. Rachel sabía que había sido allí donde su
padre había descubierto su vocación en el mundo de
las artes: la de recrear las vidrieras medievales europeas usando sus mismas técnicas ancestrales. El
problema era que nadie sabía exactamente en qué
consistían aquellas técnicas ancestrales. Así que
mientras Lawrence hacía más y más bocetos[4] de vidrieras, Katherine se dedicaba a traducir incontables

---

4   Boceto: Esquema o proyecto en que se bosqueja cualquier obra.

textos franceses, con la esperanza de que alguno de ellos les proporcionara una pista sobre cómo habían logrado aquellos artesanos medievales, que tan solo disponían de unas pocas y sencillas herramientas, crear unos ventanales tan impresionantes.

Poco después de regresar a Estados Unidos, a la casa de Huntingdon Valley, Lawrence montó un estudio de arte y comenzó a experimentar con diversas técnicas para hacer vidrieras policromadas. Su búsqueda estuvo motivada, en parte, por el hecho de que el color y las texturas del cristal que podía adquirir en los comercios no tenía la suficiente calidad como para permitirle crear las vidrieras que él quería. Con el objetivo de conseguir el mejor cristal de vidrio posible, construyó su propio horno en el patio trasero y pudo así experimentar mediante la combinación de diferentes ingredientes. Rachel podía ver la decepción en los ojos de su padre, cada vez que comprobaba que una receta especialmente prometedora había dado como resultado un vidrio de calidad inferior, arruinando así sus esperanzas. Pero Lawrence no era un hombre que se diera fácilmente por vencido. Con el tiempo, sus experimentos dieron sus frutos y comenzó a producir vidrio de alta calidad. Su cristal era tan superior a cualquier otro que un equipo del Museo de arte de la ciudad de Nueva York fue hasta su estudio para filmar su trabajo.

Aunque resultaba emocionante ver a un equipo de filmación inmortalizando el trabajo de su padre, Rachel, que por entonces tenía catorce años, sabía que su auténtico triunfo se había producido hacía ya algún tiempo. Podía recordar perfectamente el día en que vio en los ojos azules de su padre, que acababa de regresar de buscar trabajo en Filadelfia, toda la emoción de lo que acababa de sucederle.

—Vengan todos. Tengo una noticia maravillosa que contarles —dijo Lawrence mientras colgaba el sombrero en el perchero de la entrada.

Katherine y los niños se congregaron a su alrededor y él continuó hablando.

—Estaba sentado tranquilamente en el tren, camino de Filadelfia, cuando se me acercó un desconocido y, sentándose a mi lado, dijo: «Su parecido con los retratos de Jesucristo es estremecedor. Perdone que le pregunte, pero ¿cómo se llama y a qué se dedica?», así que le respondí: «Me llamo Saint, y hago vitrales para iglesias». «Bien», me respondió él, mientras me tendía su mano para que se la estrechara, «yo me llamo Raymond Pitcairn, y estoy construyendo una catedral. ¿Cuándo podría comenzar a hacerme las vidrieras?».

La madre de Rachel se puso a aplaudir.

—¡Oh, Lawrence, esto es maravilloso! Vean, niños. Dios ha respondido a nuestras oraciones. Su padre ha conseguido trabajo.

—Un montón de trabajo —añadió Lawrence—. Se trata de la catedral de Bryn Athyn, en Filadelfia, y me dijo que después quiere que trabaje en la Catedral Nacional que se está construyendo en Mount Saint Alban, en Washington D.C.

Sam y Phil soltaron varios hurras de gozo, y Rachel oyó a Sam decir por lo bajo: «Gracias, Dios. Ahora podré aprender a volar».

Rachel sintió una gran satisfacción al pensar en todas las maravillosas oportunidades que un ingreso regular le permitiría a la familia. Y, en efecto, todos se beneficiaron del trabajo que su padre hizo en las dos bellas catedrales. Por fin hubo suficiente comida en casa para todos, y Sam pudo recibir clases de vuelo. Pero lo mejor de todo fue que los niños se turnaron para viajar con su padre, primero a Filadelfia y después a Washington D.C., para admirar su obra.

Fue en uno de esos viajes a Washington D.C. cuando Rachel conoció al señor y la señora Parmalee, la pareja anciana que patrocinaba la obra de las vidrieras de la Catedral Nacional. La señora Parmalee, que era dueña de su propia fortuna, empatizó de inmediato con Rachel, y pronto esta empezó a pasar mucho tiempo en el hogar de los Parmalee. Como la pareja no tenía hijos, la señora Parmalee trataba a Rachel como si fuera de la familia y, en 1931, la invitó a viajar con ella a Gran Bretaña a celebrar su décimo octavo cumpleaños. Se trataba del típico viaje de «presentación en sociedad», que muchas jóvenes ricas y casaderas solían realizar en aquella época.

A Rachel le encantó la idea. Nunca había creído que pudiera llegar a tener la oportunidad de cruzar el Océano Atlántico y ver las Islas Británicas. Pronto comenzaron a planificar el viaje. La abuela materna de Rachel compró un rollo de tela con el que hacer los vestidos apropiados para una debutante. Rachel no estaba acostumbrada a atraer tanto la atención, y tuvo que reconocer que le encantaban los hermosos vestidos que se confeccionaron para ella, así como la perspectiva de viajar en primera clase, alojarse en hoteles de lujo y participar en espléndidos banquetes. Lo que no sabía es que durante su estancia en Gran Bretaña tendría que enfrentarse a una decisión que cambiaría el rumbo del resto de su vida.

«Su pueblo»

El viaje a Gran Bretaña fue tal y como Rachel lo había imaginado: repleto de lugares y personas interesantes que conocer. Al más puro estilo de la familia Saint, viajó acompañada de su cuaderno de bocetos, en el que fue dibujando todo lo que veía. Cuando visitaron Edimburgo, en Escocia, le impresionó particularmente una escultura llamada «Fatiga», que se levantaba en la calle Princess. Su impresión fue todavía mayor al saber que el escultor tenía cuarenta años cuando realizó su primer trabajo escultórico. Por alguna razón, el pensamiento de que una persona pudiera adquirir nuevas habilidades a cualquier edad, le resultó sumamente inspirador.

En Londres, la señora Parmalee y ella visitaron numerosas iglesias, donde vieron hermosos vitrales medievales policromados. Mientras las contemplaba, se acordó de que sus padres le habían comentado su sensación de asombro y maravilla al ver por primera vez los vitrales europeos.

A lo largo del viaje, Rachel y la señora Parmalee se hospedaron en los hoteles más lujosos y fueron de compras a las tiendas más exclusivas. Al principio, a Rachel le pareció emocionante, pero al cabo de un tiempo la emoción inicial se fue desvaneciendo y empezó a preocuparle todo el dinero que estaban gastando sin necesidad. En Harrods, una taza de té y unos pocos pastelitos de mantequilla costaban lo mismo que lo que se necesitaba para alimentar a toda la familia Saint durante tres días. Al acercarse el fin de la gira, Rachel estaba ya deseando regresar a casa.

Finalmente, ambas mujeres embarcaron en el buque *Aquitania*, de la compañía de cruceros Cunard —en un camarote de primera clase, por supuesto— para realizar el viaje de regreso a Estados Unidos. Un día, mientras almorzaban cruzando el Océano Atlántico, la señora Parmalee la miró con gesto serio, y le preguntó:

—Rachel, querida, ¿has disfrutado del viaje?

—Claro que sí —respondió Rachel—. ¡He visto tantas cosas que nunca había soñado que vería!

—Maravilloso —dijo la señora Parmalee aproximándose a ella para acariciar su mano—. Puede que te hayas criado en un entorno humilde, pero tienes un bello instinto y unos antecedentes familiares que me harían sentir orgullosa de que fueras mi hija.

Rachel se sonrojó. En su hogar de siete hermanos los cumplidos eran algo que no se oía con mucha frecuencia.

—De hecho, eso era de lo que quería hablarte. Me hago mayor —dijo la señora Parmalee suspirando antes de continuar—, y ha llegado el momento de pensar en el futuro. Tú y yo nos parecemos bastante y nos llevamos bien, así que tengo algo que proponerte. Si aceptas ser mi acompañante y ayudarme con mis pequeños deberes, te haré mi heredera.

Rachel clavó la vista en su taza de té, incapaz de imaginar cuál podría ser la respuesta correcta a tal oferta. Había oído decir a su padre que la señora Parmalee tenía una fortuna de más de un millón de dólares, ¡y ahora ella le estaba diciendo que quería que heredara todo su dinero!

Permaneció en silencio unos instantes y, una vez más la dama se acercó a ella y le acarició el dorso de la mano.

—No te preocupes, querida, sé que es una decisión difícil. Quizá puedas darme una respuesta al final de nuestro viaje —dijo.

Rachel dedicó el resto del día a observar a los demás pasajeros de primera clase. Escuchó sus conversaciones mientras jugaban a los naipes y los vio bailar durante la cena. ¿Sería realmente aquella la vida para la que había nacido? Su abuela Proctor habría respondido sin dudarlo de forma positiva, también lo habría hecho la señora Parmalee, pero Rachel sabía que tendría que tomar la decisión por sí misma. Pensó en su madre remendando la ropa de sus hermanos a la luz de un candil, mientras les decía de nuevo que no había carne para la cena, o que tenían que comer galletas con manteca para desayunar y almorzar, y recordó cómo reutilizaban tres veces el polvo de café molido, antes de tirarlo a la basura, y cómo, al principio de cada año escolar, tenían que crear un fondo común con todos los ahorros de la familia para comprar lápices y papel.

Se daba cuenta de que la vida de la familia Saint había sido dura en algunos aspectos, pero también sabía que su madre había escogido esa vida de forma voluntaria, y que lo había hecho principalmente porque pensaba que Dios le había llamado a vivirla, y también por lo mucho que amaba a su esposo. A pesar de que su madre se había graduado en Bellas Artes por la universidad de Wellesley, estaba segura de que no se arrepentía de la vida que había escogido. Saber aquello hizo que Rachel tuviera que enfrentarse cara a cara con la decisión que tenía que tomar. ¿Escogería aceptar la herencia de un millón de dólares y tener la oportunidad de viajar y disfrutar del lujo, o se inclinaría por lo desconocido? ¿Decidiría, más bien, vivir su vida con el amor de su familia, pero con pocos recursos económicos?

Aquella noche apenas pudo dormir. En vela, escuchó las campanas que avisaban de los cambios de turno de vigilancia y el lamento de la sirena del barco al atravesar los bancos de niebla[1]. Cerca ya del amanecer, Rachel decidió salir de su camarote y subir a cubierta para contemplar la salida del sol. Con suerte, incluso podría ver la costa de Estados Unidos.

En cubierta soplaba un viento helado que le produjo un escalofrío por todo el cuerpo. Rachel se envolvió con fuerza en el chal de lana que llevaba. Era la única pasajera presente en la cubierta de primera clase. A medida que el sol comenzó a ascender en el horizonte, sus largos y dorados rayos se reflejaron en la aún lejana línea de costa de Estados Unidos. Aquella visión la hizo sentir de repente calor en su corazón, a pesar del viento frío.

El primer vislumbre de la costa le recordó que tenía una decisión que tomar respecto a su destino.

1   Bancos de niebla: Masa de niebla que se halla diseminada en una superficie.

Bueno, en realidad no se trataba exactamente de decidir, sino de confiar. En algún momento de la noche había comprendido que aquella vida de lujo no era para ella. En lo más profundo de su corazón sabía que Dios tenía un plan para su vida y que este no consistía en sorber[2] innumerables tazas de té, mientras mantenía conversaciones ociosas. No, de alguna forma sabía que Dios le estaba pidiendo que confiara en Él, porque Él la guiaría hacia una gran aventura; no una aventura que la hiciera rica, pero, sin duda, una verdadera aventura.

Mientras pensaba en la mejor manera de comunicarle a la señora Parmalee su decisión, pues no deseaba en manera alguna ofenderla, sintió que algo extraño le estaba sucediendo. Era como si ya no estuviera de pie sobre la cubierta del barco, sino en un claro en medio de la selva contemplando a un grupo de personas semidesnudas, de piel bronceada. Aquellas personas le hacían señas con la mano para que se acercara a ellas.

Aquella escena duró solo un momento en su mente, y luego se desvaneció, y Rachel sintió que se le ponía la carne de gallina. Había leído en la Biblia acerca de un montón de personajes, como Abraham, el rey David, Isaías, Pablo o Juan, que habían tenido visiones. ¿Acaso era eso lo que ella acababa de experimentar? Sin pensárselo dos veces, Rachel se dejó caer de rodillas y con los ojos cerrados, oró:

—Dios, te entrego mi vida para ir como misionera a esas personas de piel bronceada, si es que es eso lo que Tú quieres.

Aquella mañana, mientras el *Aquitania* se aproximaba cada vez más a la costa y entraba en el puerto de Nueva York, Rachel permaneció preocupada

2   Sorber: Beber aspirando.

y pensando en su visión. ¿Quiénes serían aquellas personas y cuándo tendría la oportunidad de conocerlas?

Para su sorpresa, Rachel encontró tremendamente sencillo decirle a la señora Parmalee que no quería ser su heredera. Las dos mujeres se despidieron una de la otra en Filadelfia como amigas, aunque la señora Parmalee tuvo que admitir que le costaba entender cómo una muchacha podía dejar pasar una oportunidad como esa.

Rachel regresó a su hogar en Huntingdon Valley con un renovado sentido de propósito para su vida. Aunque siguió ayudando a su madre a criar a sus hermanos menores, también se inscribió en la escuela bíblica nocturna Percy Crawford. La experiencia de estudiar allí la satisfizo tanto que a la edad de veinte años decidió continuar sus estudios en la Universidad Bíblica de Filadelfia.

Mientras se preparaba allí, seguía convencida de que en algún lugar del mundo un grupo de personas de piel morena esperaban en la selva su llegada. En 1936, a los veintidós años, poco después de graduarse en la Universidad Bíblica de Filadelfia, Rachel solicitó ser misionera. Sin embargo, su petición fue rechazada debido a sus problemas de espalda. Aquello le pareció absurdo, ya que la debilidad de su espalda nunca le había impedido ayudar a su familia en las tareas domésticas o estudiar la Biblia. Al principio, aquel rechazo le sentó muy mal, pero más tarde empezó a preguntarse si no sería que «su pueblo», como a ella le gustaba llamarlo, aún no estaba listo para su llegada.

Con ese pensamiento en mente, Rachel empezó a trabajar en el Centro de Rehabilitación Keswick, una organización dedicada a la rehabilitación de alcohólicos situada en una zona rural de Nueva Jersey. Nada podría haber estado más alejado que aquello de la vida fácil y ociosa que la señora Parmalee le había ofrecido, y que ella había rechazado, pero a Rachel le encantaba su trabajo en el centro de rehabilitación. A menudo comentaba riendo con sus amigas que nada podía haberla preparado mejor para su labor que el haberse criado en una casa con siete hermanos. Había ocasiones en las que tenía que enfrentarse a hombres borrachos y violentos, y otras veces tenía que convencerlos para que no cometieran suicidio.

A finales de 1941, cuando Estados Unidos se implicó de lleno en la Segunda Guerra Mundial, el problema del alcoholismo se transformó en una auténtica epidemia. Muchos hombres traumatizados por sus experiencias de guerra se entregaban al alcohol en busca de consuelo, y cuando su afición a la bebida se descontrolaba, acudían a la misión en busca de ayuda. Allí estaba siempre Rachel dispuesta a ayudar.

Durante las Navidades de 1942, cuando volvió a casa para pasar las vacaciones, se enteró de que su hermano Nate, que por entonces tenía diecinueve años, se había alistado en el ejército y estaba a punto de partir hacia un campamento militar llamado Camp Luna, cerca de Las Vegas, en Nuevo México. Nate había estado destinado en la base de La Guardia, en Nueva York, donde había trabajado como mecánico de aviones para American Airlines, compañía de la que su hermano Sam era piloto. Durante su tiempo libre, había recibido lecciones de vuelo, con la esperanza de que ese entrenamiento básico le sirviera para ser transferido a las Fuerzas Aéreas del

Ejército y así poder llegar a ser piloto de combate. Rachel se había mantenido al tanto de los progresos de Nate a través del correo, y se alegró mucho al saber que el Ejército lo había aceptado en sus fuerzas aéreas y se estaba preparando como piloto de combate. Pero entonces, Nate sufrió una tremenda desilusión. A los catorce años había padecido una osteomielitis y durante su entrenamiento como piloto su antigua enfermedad reapareció, obligándolo a retirarse del programa y a ver como se le cerraba para siempre la posibilidad de ir al frente. A pesar de ello, Rachel se sintió orgullosa al ver lo bien que su hermano había recibido la mala noticia. Nate se mantuvo animado y confió en que Dios le ayudaría a servir a su país de la mejor manera posible. En lugar de hacerse piloto, le ofrecieron servir como mecánico de aviación y encargarse de los aviones de transporte C-47, así como de otras aeronaves situadas en diferentes bases militares a lo largo de Estados Unidos.

También por entonces, Phil, el hermano mayor de Rachel, un evangelista que predicaba a lo largo y ancho de todo Estados Unidos, decidió hacerse misionero y marchar a Argentina. Cuando le llegó la noticia a Rachel, esta no pudo evitar sentir algo de envidia. En cualquier caso, se mantuvo en contacto con su hermano por correo y siguió con interés las noticias de sus logros en Sudamérica. Pero, al mismo tiempo, se preguntaba si en algún lugar de aquel continente no estaría también «su pueblo».

Así fueron pasando los años de dedicación de Rachel al Centro de Rehabilitación Keswick. Primero cinco años, luego diez, después doce. Rachel tenía ya treinta y cuatro años, y la mayoría de sus amigos pensaba que seguiría trabajando en aquel centro de

rehabilitación hasta que se jubilase. Pero ella sentía
una inquietud en su interior. Hacía poco había leído
una serie de artículos sobre un visionario llamado
Cameron Townsend y su nuevo proyecto, el Instituto
lingüístico de Verano, que se celebraba en Norman,
en la Universidad de Oklahoma. Ya algún tiempo
atrás, Rachel había oído hablar del trabajo del señor Townsend, pero cuando leyó aquellos artículos
que hablaban sobre él se quedó impresionada con el
impacto que estaba teniendo su ministerio. En realidad, Townsend había puesto en marcha tres minis-
terios diferentes: el Instituto Lingüístico de Verano
(SIL, en inglés, ILV en español), los Wycliffe. Traductores de la Biblia y el incipiente Servicio de Aviación
y Radio de la Selva (JAARS, en inglés). Cada una
de estas tres organizaciones desempeñaba un papel
diferente, pero todas colaboraban en el mismo objetivo: llevar el evangelio a pueblos nunca antes alcanzados por el mensaje de la Palabra. Por aquella época, en 1948, Rachel recibió una carta de Nate en la
que le contaba que había empezado a trabajar para
una organización llamada Alas de Esperanza (MAF,
en inglés). En la carta le contaba que él y Marj, su
reciente esposa, esperaban mudarse pronto a Ecuador, donde pondrían en marcha en el este del país la
base de operaciones de la organización para la cordillera de los Andes y la selva amazónica. Desde allí,
utilizarían avionetas para dar servicio a las diferentes bases misioneras que por entonces sobrevivían a
duras penas, aisladas por toda la región.

De repente, con un hermano sirviendo ya como
misionero en Sudamérica y otro a punto de hacerlo,
volvió a plantearse la posibilidad de ir también ella
a misiones. Tras leer los artículos sobre Cameron

Townsend, la idea de estudiar y descifrar lenguas desconocidas empezó a parecerle tremendamente atractiva. Ya desde dieciséis años antes, la época en que a bordo del barco en el que regresaba de su viaje al Reino Unido tuviera la visión de aquella gente de piel morena en la selva, había estado convencida de que algún día llevaría el evangelio a personas que nunca lo hubieran escuchado. Con toda probabilidad, eso significaba servir a personas que hablaran un idioma desconocido para el resto del mundo. Rachel comenzaba a sentir que había llegado el momento de volver a intentar hacerse misionera y dar cumplimiento a su visión. Un versículo de la Epístola de Pablo a los Romanos le animó a ello: «Aquellos a quienes nunca les fue anunciado acerca de él, verán; y los que nunca han oído de él, entenderán» (Romanos 15.21). Finalmente, decidió arriesgarse, y presentó una solicitud para ingresar en el Instituto Lingüístico de Verano. Cuando se la aceptaron, apenas pudo contener su felicidad.

Todos los que pensaban que Rachel trabajaría en el Centro de Rehabilitación Keswick hasta el día de su jubilación se sorprendieron al recibir una invitación a su fiesta de despedida. A ella asistieron muchas personas —familia, amigos, compañeros de trabajo y mucha gente que la había ayudado a lo largo de los años— y todas fueron a desearle lo mejor en su nueva aventura. A Rachel le emocionó escuchar los discursos de despedida de los presentes, y aunque le entristecía dejar atrás a las personas y al lugar que tanto había llegado a amar, también le emocionaba pensar lo que tenía por delante.

Aquel 1948, el Instituto Lingüístico de Verano resultó ser tan interesante como lo describían los artículos que había leído. A Rachel le impresionaron los profesores, especialmente Ken Pike y su vastísimo[3] conocimiento lingüístico. Ken había sido alumno de la segunda edición del Instituto Lingüístico de Verano, celebrada en 1935. Después se había doctorado en lingüística y por entonces era el presidente del SIL. Rachel disfrutó cada día de las once semanas del curso, que fueron introduciéndole en los conceptos básicos de la escucha y aprendizaje de una lengua indígena. Había muchas cosas prácticas en las que debía instruirse. Las clases se dividían en tres temas: el primero de ellos era la fonética, que enseñaba a los alumnos a escuchar los diferentes sonidos de un idioma y ponerlos por escrito. A veces resultaba complicado, ya que algunos idiomas tenían sonidos glotales[4], zumbidos y chasquidos que no eran fáciles de representar utilizando el alfabeto inglés. A pesar de ello, era una habilidad importante que había que adquirir. El segundo tema era la morfología[5], que enseñaba a los estudiantes a descubrir las relaciones entre palabras de un idioma extranjero. Por ejemplo, el inglés usa prefijos y sufijos para variar levemente el sentido de una palabra, pero otros idiomas no lo hacen así, por lo que es importante aprender a descubrir los vínculos entre las palabras. El último tema era la sintaxis[6], que enseñaba al estudiante a construir una frase en un idioma extranjero.

3 Vasto, vastísimo: Dilatado, muy extendido o muy grande.
4 Glotales: Dicho de un sonido: Que se articula en la región de la glotis u orificio o abertura anterior de la laringe.
5 Morfología: Parte de la gramática que estudia la estructura de las palabras y de sus elementos constitutivos
6 Sintaxis: Parte de la gramática que estudia el modo en que se combinan las palabras y los grupos que estasforman para expresar significados, así como las relaciones que se establecen entre todas esas unidades.

Aprender todas aquellas cosas resultaba todo un desafío, pero a medida que fueron avanzando las clases Rachel fue convenciéndose cada vez más de haber tomado la decisión adecuada. Al terminar el curso, sabía que su siguiente paso sería convertirse en una buena traductora bíblica. Cuando lo hubiera conseguido, habría llegado el momento de partir al encuentro de las personas de piel bronceada que había contemplado en su visión. Rachel estaba convencida de que, en algún lugar de la selva sudamericana, aquellas personas aguardaban su llegada.

Capítulo 4

¿Era este el pueblo?

El siguiente paso de Raquel para convertirse en una traductora bíblica competente y una buena misionera significaba tener que asistir a un campamento de tres meses en medio de la selva. Este «Campamento de la Selva» se encontraba, evidentemente, en medio de la jungla, en un lugar del estado de Chiapas llamado El Real, al sur de México. La primera vez que Rachel había oído hablar de aquel lugar había sido en unas cartas enviadas por su hermano Nate. Dos años antes, en 1946, una avioneta que colaboraba con el ministerio del Campamento de la Selva se había estrellado al aterrizar en una pequeña pista en medio de la jungla, y Nate había sido enviado a El Real para reparar la avioneta dañada. En sus cartas a Rachel, Nate le había descrito la naturaleza rústica del campamento. Al llegar allí, Rachel descubrió que su hermano no había exagerado lo más mínimo.

El campamento de la Selva consistía en una serie de chozas con paredes de barro, situadas entre unos árboles que se alzaban cerca de la orilla de un río. Por lo visto, la selva en la que se encontraban se extendía hacia el este hasta llegar a la frontera de México con Guatemala, donde continuaba todavía más. Rachel se instaló junto con otra mujer en una de las chozas. En otra choza cercana había un fogón que servía de cocina del campamento.

El programa de actividades diarias era muy exigente. Debían despertarse a las seis de la mañana, el desayuno se servía a las siete y de ocho a diez había que atender a clases de lingüística. A continuación, había que trabajar durante dos horas con la azada[1] en el húmedo suelo huerto, a fin de cultivar algunas hortalizas que les sirvieran de sustento. El almuerzo se servía a las doce y media y luego había que estudiar otra hora de lingüística. El resto de la tarde se completaba con la realización de más tareas y más estudios lingüísticos.

El Campamento de la Selva no se parecía a nada que Rachel hubiera experimentado antes. Era como una larguísima prueba de supervivencia, y no por casualidad, pues ese era precisamente su propósito. Estaba diseñado para ser una especie de campo de entrenamiento básico donde los candidatos a misioneros aprendieran a sobrevivir y trabajar en lugares difíciles, remotos y primitivos. Por lo tanto, además de estudiar lingüística y hacer tareas, Rachel tuvo que aprender a manejar una canoa cargada hasta

1   Azada: Instrumento que consiste en una lámina o pala cuadrangular de hierro, ordinariamente de 20 a 25 cm de lado, cortante uno de estos y provisto el opuesto de un anillo donde encaja y se sujeta al astil o mango, formando con la pala un ángulo un tanto agudo. Sirve para cavar tierras roturadas o blandas, remover elestiércol, amasar la cal para mortero.

los topes a través de los rápidos del río, a atravesar
duros pasos de montaña, a cazar su comida entre la
espesura de la jungla, a construir sin herramientas
chozas improvisadas, a tratar mordeduras de serpiente y a usar penicilina, el medicamento más novedoso del mercado. Ella y los demás estudiantes
tuvieron también que realizar una marcha de nueve
días a través de la selva para aprender del trabajo
de Phil y Mary Baer. Los Baer eran misioneros de
Wycliffe que servían entre los indios lacandones, cerca de la frontera con Guatemala. A Rachel le impresionó el trabajo que hacían con ese pueblo y albergó
la esperanza de poder ser tan eficiente y fructífera
como ellos cuando le llegara su oportunidad. Tras
los nueve días de caminata, tuvieron que pasar además por una experiencia de cuatro días de soledad
en la jungla, durante los cuales Rachel pudo poner
en práctica las técnicas de supervivencia que había
aprendido hasta entonces.

Cada día en el Campamento de la Selva parecía
traer algún nuevo desafío a la vida de Rachel. La
mayoría tenían que ver con la fauna local, como por
ejemplo, acostumbrarse a las ratas que correteaban
entre la leña de la cocina, o a los burros salvajes
que se colaban en el campamento durante la noche
y se comían cualquier prenda que se hubiera dejado
por olvido en las cuerdas de tender. Para empeorar
las cosas, las serpientes venenosas parecían estar
siempre al acecho por todas partes, y tenía que enfrentarse a nubes de mosquitos que la seguían y pi-
caban por dondequiera que iba.

A pesar de las dificultades, Rachel no se desani-
mó. Por dura que fuera la experiencia del Campamento de la Selva, sabía que estaba preparándose

para aquello a lo que estaba destinada durante el resto de su vida. También se sentía agradecida por las experiencias de su infancia: todas las caminatas, la natación y los rudos juegos que había practicado con sus hermanos, que la habían preparado para los rigores de la vida en la selva.

Los días fueron pasando, y Rachel aprovechó para recopilar toda la información que pudo de los obreros del ILV y de Wycliffe que visitaban el campamento. Gracias a ello se enteró de que, en ese momento, el objetivo principal de la organización ya no eran los indios de México, sino los de Perú, y también de que los misioneros de Wycliffe habían empezado a trabajar en Nueva Guinea y en las remotas islas del Pacífico.

Cuando al fin terminó el Campamento de la Selva, Rachel recibió su misión: debía ir a Perú a trabajar entre los indios piros, en el noreste del país. Debía sustituir a Esther Matteson, una misionera del ILV que iba a regresar a casa de permiso. Rachel se sintió emocionada ante este nuevo encargo, y más tras saber que tendría la oportunidad de pasar por Ecuador y visitar a Nate y su esposa Marj, que se encontraban sirviendo allí con Alas de Esperanza.

Nate utilizaba una pequeña y remota pista de aterrizaje situada en medio de la selva, en un lugar llamado Shell Mera, para dar servicio con su avioneta a varias estaciones misioneras esparcidas por todo Oriente, una región selvática de Ecuador situada al este de la cordillera de los Andes. La región de Oriente constituía la zona más occidental de la cuenca del Amazonas y, desde allí, la selva se extendía hacia el este a lo largo de más de tres mil doscientos kilómetros atravesando Sudamérica hasta la costa atlántica de Brasil.

Aunque lo cierto era que, debido a un desafortu-
nado accidente, en ese momento su hermano Nate
no volaba a ninguna parte. Tras despegar de Quito,
la capital de Ecuador, su avioneta Stinson se había
visto atrapada por una fuerte corriente descendente
que hizo que el aparato se precipitara al suelo. Nate
había logrado sobrevivir, pero debía llevar una escayola que le cubría toda la parte superior del cuerpo,
hasta que sanara la fractura por compresión que se
había hecho en una de las vértebras de la columna.
Su hermano le había escrito contándole acerca del
accidente y que tardaría bastante en recuperarse de
sus lesiones. Por esa razón, Rachel se moría de ganas de pasar por Ecuador y tener la oportunidad de
dar ánimos a su hermano pequeño. También estaba
deseando ver a su sobrina recién nacida.

Rachel voló hasta Quito, ciudad situada a gran
altura en la cordillera de los Andes, muy cerca de
la línea ecuatorial, y desde allí tomó un autobús
para realizar un largo recorrido a través de la ladera
oriental de la cordillera, hasta la pequeña comunidad de Shell Mera. Mientras el autobús avanzaba hacia el sur zigzagueando y rebotando por los
caminos entre el Monte Cotopaxi y Ambato, Rachel
aprovechó para charlar en español con los pasajeros
sentados a su alrededor.

Cada media hora o algo así, el autobús se detenía
en medio de una nube de polvo y empezaba un coro
de gritos, para que las gentes del lugar subieran o ba-
jaran del vehículo con sus pertenencias. Rachel notó
que la intensidad de los gritos de los nuevos pasajeros siempre dependía de la cantidad de equipaje
que tuvieran que subir hasta el techo del vehículo,
que incluía paquetes de cualquier tamaño, bolsas,

cajas y sacos con todo tipo de productos, desde hortalizas hasta gallinas enanas[2]. Pero si apilar el equipaje sobre el techo del autobús resultaba complicado, lo verdaderamente difícil era bajar las pertenencias de los viajeros. En ocasiones, uno de los bultos que había que recuperar se encontraba soterrado[3] bajo una pila de cosas, por lo que había que descargar todo lo que tenía encima para que su propietario pudiera llevárselo. A Rachel, aquel proceso de embarque y desembarque le pareció interminable y, al igual que el resto de los pasajeros, cada vez que paraban estiraba su cuello todo lo que podía por la ventana para asegurarse de que sus pertenencias eran apiladas de nuevo sobre el techo, en lugar de quedarse por el camino.

Además, siempre que el autobús se detenía, una multitud de vendedores se agolpaba de inmediato alrededor de los pasajeros, cautivos y hambrientos. Por supuesto, la blancura de su piel hacía que Rachel destacara entre todos, haciendo que los vendedores corrieran preferentemente hacia ella para ofrecerle todo tipo de comidas y bebidas deliciosas, desde limonada casera servida en viejas botellas de cerveza hasta puerquitos de indias de cuerpo entero, cocinados al horno con todo su pelo, pezuñas y dientes. Rachel se limitaba a espantar a los vendedores lo mejor que podía.

Hacia la hora del almuerzo, el autobús llegó a la localidad de Ambato, conocida como la puerta a la región de Oriente. Desde Ambato, la ruta prosiguió

---

2 Gallinas enanas: son unas gallinas pequeñas, de tamaño variable en función de la raza; siendo las más pequeñas de un tamaño similar al de una paloma. Respecto al color, las gallinas enanas presentan una coloración muy amplia y variada, desde el blanco hasta el negro, pasando por el gris, gris perla, marrón, dorado, etc.
3 Soterrado: Esconder o guardar algo de modo que no aparezca.

hacia el este descendiendo abruptamente a través de la ciudad de Baños hasta llegar a la selva oriental. Durante el descenso por las montañas, Rachel contempló por la ventanilla la paulatina transformación del paisaje. Las vistas de cimas rocosas y desoladas fueron sustituidas poco a poco por una espesa vegetación verde, entreverada por las numerosas orquídeas que crecían justo al borde de la carretera. A medida que avanzaban dando sacudidas por la sinuosa[4] carretera. fue apareciendo a la vista de los cansados viajeros la cima nevada del volcán Sangay. Nate se lo había descrito a Rachel en una de sus cartas, y ahora que podía verlo delante de ella supo que estaba cerca de su destino.

Finalmente, tras una última curva en el camino, el autobús recorrió otro kilómetro y se detuvo frente a un pequeño comercio cuyo cartel decía «Shell Mera». Tras doce horas de duro viaje en autobús, Rachel se sintió aliviada y contenta al comprobar que al fin había llegado a su destino. Pero su felicidad fue aún mayor cuando vio a hermano que la esperaba a las puertas del comercio.

—¡Bienvenida a Shell Mera! —le dijo Nate.

Rachel intentó abrazarlo lo mejor que pudo, tarea nada fácil, puesto que todo el tronco de su cuerpo seguía embutido dentro de una escayola. Mientras esperaban a recuperar el equipaje de Rachel del techo del autobús, Nate le explicó a su hermana que aquel pequeño asentamiento de unas treinta casas en la jungla lo había construido la compañía petrolera Shell, lo que explicaba el nombre de la población. El lugar servía a la empresa como base principal de operaciones para la búsqueda de yacimientos de petróleo en la provincia de Oriente.

4 Sinuosa: Que tiene ondulaciones o recodos.

Una vez descargado su equipaje, Rachel partió
con Nate hacia Shell Merita, nombre con el que él y
su esposa habían bautizado a su casa, que se encontraba situada en un extremo de la pista de aviación.
Entorpecido por su gran escayola, Nate guió a Rachel
por el camino que acababa de recorrer el autobús.
La carretera discurría en paralelo a la gran franja de
terreno cuidadosamente despejado que constituía la
pista de despegue y aterrizaje. Al final del todo, al otro
lado de la carretera, podía divisarse una casita con
techo de latón.

—Ahí está nuestro hogar, dulce hogar —dijo Nate
señalándola.

Poco después, Rachel se encontraba ya descansando en la sala de estar de Shell Merita, con su nueva sobrinita en brazos y contemplando la preciosa
vista del volcán Sangay, que se veía perfectamente
desde la habitación. Aunque Rachel llevaba años sin
ver a Nate, a medida que charlaban y reían la distancia temporal se fue difuminando, y pronto empezó a
sentir con él la misma conexión que siempre había
tenido con su hermano menor.

Nate y Marj escucharon con atención las explica-
ciones de Rachel sobre sus experiencias en el Instituto lingüístico de verano, tanto en Oklahoma como
en el Campamento de la Selva, en México. También
les contó que la habían destinado a Perú, y compartió con ellos su emoción por poder empezar su
carrera como misionera. Después, Nate le explicó a
su hermana todo lo referente a la vida en Oriente y
su deseo, una vez que hubiera sanado su espalda,
de hacerse con una nueva avioneta y empezar a volar otra vez hasta las bases misioneras de los alrededores. También le contó acerca de las diferentes
tribus que vivían en la región y sobre las distintas

organizaciones misioneras y obreros que trabajaban entre los indígenas, y cómo había llegado a forjar una estrecha amistad con algunos de los misioneros.

—Pero hay una tribu con la que nadie trabaja —dijo Nate.

—¿Quiénes son? ¿Y por qué nadie acepta el reto de llevarles el evangelio? —preguntó Rachel.

—Se trata de la tribu auca —respondió Nate—. Tiene fama de matar a todos los extraños que entran en su territorio. Nadie ha conseguido nunca vivir con ellos.

A pesar de aquellas desalentadoras palabras, Rachel sintió que un escalofrío de emoción le recorría el cuerpo. ¿Sería este el grupo que había contemplado en visión tantos años atrás? ¿Serían los aucas el pueblo que aguardaba a que ella les llevara el evangelio?

Aquella noche, mientras yacía en la cama del pequeño cuarto de invitados de Shell Merita, pensó en los indios aucas, que vivían quizá a solo unos pocos kilómetros de donde ella se encontraba ahora. Y mientras pensaba en ellos, comenzó a crecer en su interior la convicción de que, verdaderamente, ese era el pueblo al que había sido llamada. Sin embargo, no tenía ni idea de cómo lograría llegar hasta ellos, sobre todo por una razón: ni Wycliffe. Traductores de la Biblia de la Biblia ni el ILV tenían una base misionera en Ecuador. Además, los aucas mataban a los extraños que intentaban entrar en contacto con ellos, así que no conseguía imaginar cómo podría convencerlos de que ella era su amiga. Antes de caer rendida de sueño, Rachel oró pidiéndole a Dios que arreglara las circunstancias para que pudiera hacer realidad su sueño de llevar el evangelio a esa tribu.

Hasta que ese día llegara, Rachel tenía muchas cosas en que ocuparse. Tras pasar una semana con Nate, Marj y su sobrinita Kathy, prosiguió su viaje hacia Perú, donde debía trabajar entre los indios piros. Poco después de que ella llegara, Esther Matteson partió de permiso a Estados Unidos, y a su regreso Rachel decidió que era el momento de buscar nuevos desafíos. Tenía la esperanza de que la permitieran ir a vivir entre los muratos, una tribu que nunca había escuchado el evangelio, para poder aprender su idioma y traducirles las Escrituras. Sin embargo, no encontró ningún otro misionero que pudiera acompañarla y apoyarla en aquella aventura, así que tuvo que abandonar su plan. Pero aunque se sintió muy decepcionada por ello, su frustración pronto se transformó en gozo cuando se le presentó la oportunidad de trabajar con los shapras.

La tribu shapra, al igual que la murato, eran un subgrupo de la tribu india candoshi. Eran cazadores de cabezas y su territorio estaba situado en lo más profundo de la selva, a lo largo del río Pushaga, cerca de la frontera de Perú con Ecuador.

En 1950, Doris Cox y Loretta Anderson se habían establecido entre los shapras y empezado a aprender su idioma. Ahora estaban haciendo una traducción del Nuevo Testamento a su lengua. Sin embargo, como había llegado el momento de que Doris y Loretta regresaran a casa de permiso, Rachel se presentó voluntaria para ir a trabajar con los shapras sustituyendo primero a Doris, y luego a Loretta, hasta que ambas estuvieran de nuevo con los indios.

Rachel no tardó mucho en descubrir que incluso llegar al territorio de los shapras ya constituía todo un desafío. La primera parte del viaje consistía en un trayecto de cinco horas en un pequeño hidroavión sobrevolando la densa jungla del este de Perú. Rachel respiró aliviada cuando al fin el piloto hizo virar el avión y descendió para amerizar[5] en el río Morona. Estaba deseando salir del aparato y estirar las piernas. Sin embargo, pronto descubrió que solo estaba cambiando un espacio cerrado por otro en el que permanecería durante el resto del viaje. Nada más descender se subió a una estrecha canoa tallada en el tronco de un árbol y se puso en marcha de nuevo. Esta vez remaron corriente arriba del río Pushaga durante ocho horas, hasta que, por fin, lograron alcanzar el territorio de los shapras. Rachel estaba encantada de que hubiera terminado el largo viaje y se trasladó a la pequeña choza de techo de paja que Doris y Loretta le habían construido. El suelo de la choza se levantaba sobre pilotes que elevaban la construcción un metro (tres pies) por encima del terreno, y la estructura prácticamente no tenía paredes.

Rachel disfrutó muchísimo de su tiempo viviendo y trabajando entre los shapras. En una carta que escribió a sus amigos unas seis semanas después de llegar allí, decía:

La tribu shapra es una tribu india sumamente amigable, también son muy guapos, especialmente cuando se ponen sus plumas brillantes y se peinan la cabellera, se engalanan y se pintan. Tienen algo en su forma de ser que es digno de respeto. Por eso resulta difícil creer que el jefe haya vengado la muerte de sus dos hermanos; o que una joven y bella esposa haya asfixiado hasta la muerte

---

5 Amerizar o amarar: Dicho de un hidroavión o de un vehículo espacial: Posarse en el agua.

a su primer bebé tras el fallecimiento de su marido. Quería casarse otra vez, pero nadie la habría
tomado por esposa mientras tuviera un bebé al que
cuidar.

La belleza natural de la jungla parece de ensueño,
pero una puesta de sol rojiza o un arcoíris repre-
sentan aquí la muerte segura de alguien, y el silbido de cierto pájaro es un presagio de mal agüero.
Por la noche, cuando los hombres salen del poblado, las mujeres vienen con sus niños a dormir en el
suelo junto a nosotras. Tienen miedo de los malos
espíritus. Aunque todavía no podemos comunicar-
nos bien, saben que nosotras no tenemos miedo y
se sienten seguras en nuestra presencia.

Una de las cosas que más le gustó a Rachel fue
la posibilidad de trabar amistad con Tariri, el jefe
de la tribu. Este le dio a Rachel el nombre indio de
Tiyotari. Rachel y el jefe Tariri pasaban muchas horas juntos charlando. Tariri presumía de la mucha
gente a la que había matado a lo largo de su vida y
respaldaba sus afirmaciones mostrándole a Rachel
las cabezas cortadas de sus desafortunadas vícti-
mas. También introducía a Rachel en el sistema de
creencias de los shapras.

—Los candoshi confían en la boa para conseguir
arotama, el poder de una vida larga, Tiyotari —le
dijo Tariri un día.

Después le explicó que cuando un guerrero veía
una boa en la selva, debía golpearla con un palo y
atar una liana[6] a su alrededor. Después tenía que
arrastrar a la serpiente hasta un claro, atar la liana
al suelo y cubrir a la serpiente con hojas de palmera,

---

6   Liana o bejuco: Planta sarmentosa y trepadora, propia de regiones
tropicales. Enredadera o planta trepadora.

de forma que no pudiera escapar. A continuación, el guerrero debía acostarse junto a la boa para dormir y soñar. Durante el sueño, la boa tomaría la forma de un hombre y vendría al guerrero para darle algo brillante que este debía tragar, la *arotama*, el poder sobre la vida y los enemigos.

—Nuestros ancestros decían que las boas no mueren; sino que viven para siempre. Por eso tienen el poder de *arotama*, y si sueñas con una boa, tú también podrás vivir como ella.

El jefe le explicó a Rachel que el jaguar y el halcón podían también conceder el poder de *arotama*.

Rachel escuchaba atentamente todo lo que el jefe Tariri le decía. También le enseñó cómo debía fumarse el tabaco, y compartió con ella cánticos y encantamientos útiles para derrotar el poder de la boa, especialmente cuando alguien estaba enfermo o muriéndose.

Con el tiempo y las muchas conversaciones, el jefe Tariri y Rachel acabaron siendo buenos amigos. Pero había algo que ella seguía sin comprender. Aunque el jefe había permitido a Doris y Loretta vivir entre los miembros de su tribu, no hacía el menor caso de lo que ellas decían. Rachel se preguntaba por qué no las había matado o, al menos, expulsado del poblado. Un día le preguntó al jefe el motivo de aquello.

—Ah, Tiyotari, si hubieran venido dos hombres los habría matado y les habría cortado la cabeza —respondió el jefe Tariri—. Y si hubiera venido un hombre con una mujer, habría alanceado[7] al hombre y la habría tomado a ella como esposa. Pero vinieron dos mujeres llamándome «hermano». ¿Qué otra cosa podía hacer sino protegerlas y dejarlas vivir entre nosotros?

---

7 Alanceadas: Dar lanzadas. Herir con una lanza.

Fue una respuesta estremecedora, pero honesta, y Rachel se alegró de ser mujer. Sin embargo, a pesar de los comentarios del jefe y de estar permanentemente rodeada de cazadores de cabezas, Rachel se sentía extrañamente segura viviendo entre los shapras. Sus doce años de trabajo con vagabundos y alcohólicos le habían enseñado a ver más allá del comportamiento pasado de las personas, y a valorar a los seres humanos como tales. Esto hizo que el jefe Tariri no tardara en empezar a hacerle preguntas acerca de Dios y del mundo exterior. Rachel le respondía a todas ellas de la forma más honesta y simple que podía, y aprovechaba siempre para, de paso, compartir algo del mensaje del evangelio.

Siguiendo el ejemplo de su jefe, otros miembros de la tribu comenzaron a prestar atención a lo que las misioneras contaban acerca de un Dios que vivía en un lugar lejano, y quería llevarlos con él cuando murieran.

Finalmente, tras casi un año fuera, Doris regreso a su puesto entre los shapras. Con el regreso de Doris, Rachel decidió que había llegado el momento de tomarse un descanso de un mes, antes de que le llegara el turno a Loretta de marcharse de permiso. En lugar de irse a Estados Unidos, decidió viajar a Ecuador y descansar en casa de Nate y Marj, que acababan de tener otro bebé, al que llamaron Steve. Rachel estaba segura de que en esas circunstancias agradecerían algo de ayuda en la base misionera. También quería saber si alguien había averiguado algo más sobre los indios aucas.

Capítulo 5

«Esa de allí abajo es tu gente»

Cuando Rachel llegó a Quito, a finales de 1951, los picos dentados de la cordillera de los Andes se elevaban cubiertos de nieve sobre la ciudad y el leve frescor ambiental suponía un cambio muy agradable respecto al sofocante calor húmedo de la selva de Perú. Nate la estaba esperando y, nada más llegar, ambos fueron a pasear por la ciudad. Mientras vagaban por el Mercado de Santa Clara, observando los coloridos cuadros de pájaros realizados en madera de balsa, las estatuillas de cedro, los manojos de hierbas aromáticas secas y los enormes ramos de flores recién cortadas, Rachel aprovechó para acribillar a su hermano con preguntas sobre la tribu auca. ¿Había ido ya algún misionero a vivir entre ellos? ¿Seguían comportándose de forma hostil hacia los extraños?

Nate le contó a Rachel que los aucas seguían tan hostiles como siempre hacia cualquiera que viniese de fuera y le explicó que, recientemente, habían atacado a un grupo de indios quechuas y de ecuatorianos que vivían en la frontera de su territorio.

—De hecho, aquí en la ciudad vive un hombre con el que creo que te gustaría hablar, hermanita.

Al día siguiente, Rachel siguió a Nate por un serpenteante sendero de piedra que llevaba hasta una casa de dos plantas, pintada de blanco.

—La persona a la que vas a conocer estuvo destinada en la base de Arajuno, así que vivió muy cerca de los aucas —dijo Nate.

—Gracias por concertar esta visita —le respondió Rachel.

Ambos se detuvieron sobre un embaldosado, al final del camino de entrada, y Nate golpeó fuertemente con los nudillos una gran puerta de madera. Unos segundos después, una niña de unos diez años la abrió de par en par, les sonrió tímidamente y condujo a Nate y a Rachel hasta una habitación amplia, poco amueblada y con un brillante suelo de madera pulida. Las aspas de un gran ventilador de techo giraban sobre sus cabezas llenando la estancia de una suave brisa. Al minuto, un hombre de complexión robusta entró con paso pausado en la sala y extendió su mano hacia Nate.

—Dan Warburton —dijo el hombre con un fuerte acento texano—. Y esta señorita debe de ser Rachel Saint. He oído hablar mucho de usted.

Nate apretó la mano de Dan y le presentó a Rachel. A continuación, los tres se sentaron en unos mullidos asientos de piel y se sirvieron un vaso de té helado.

Dan les explicó que había trabajado como ingeniero en Arajuno para la compañía petrolera Shell en la época en que esta empresa estuvo realizando prospecciones allí. Según les dijo, aunque Arajuno se encontraba al borde del territorio auca, pero fuera de sus fronteras, los aucas habían salido y atacado a los trabajadores de Shell. Durante sus años de estancia allí, varios empleados europeos e indígenas quechuas habían perecido alanceados por los indios.

—Al final, simplemente no valió la pena —explicó Dan—. No logramos que los trabajadores se quedaran. El petróleo es importante, pero la cantidad de obreros de Shell que habían perdido la vida en Oriente desde el inicio de las prospecciones... bueno, eso hizo que nos lo replanteáramos todo. Así que la compañía acabó cancelando sus operaciones en toda la zona.

Tras dar un sorbo a su vaso de té, Dan añadió:

—Tras uno de los ataques, encontré este tocado que se le había caído a uno de los aucas.

Levantándose, caminó hasta un aparador y abriendo uno de los cajones extrajo un objeto con plumas. Rachel, tomó el adorno de las manos de Dan, y nada más hacerlo se le disparó el corazón. Apenas podía creerlo, el tocado era casi idéntico al que vestía el jefe Tariri. Quizá hubiera otros puntos de contacto entre los indios aucas y los shapras. Puede que sus lenguas no fueran tan diferentes. ¿Sería la lengua de los aucas un dialecto candoshi, como en el caso de los shapras?

Aquel tocado con plumas llenó a Rachel de esperanza. Podía ser que Dios la hubiera enviado a los shapra como preparación para su contacto con la tribu auca. Hasta muy recientemente, los shapras también habían sido asesinos sanguinarios, pero, para entonces, tanto su jefe como muchos de los otros miembros de la tribu se habían ido abriendo progresivamente al evangelio, y el ciclo interminable de matanzas comenzaba a cesar. ¿Ocurriría pronto lo mismo con los aucas?

—Te dije que te resultaría interesante charlar con Dan Warburton, ¿a que estaba en lo cierto? —dijo Nate mientras salían de la casa.

—Me ha dado grandes esperanzas respecto a los aucas —dijo Rachel asintiendo.

—¿Así que sigues convencida de que el Señor te ha llamado a trabajar con ellos? —preguntó Nate.

—Más convencida que nunca —respondió Rachel.

Dos días después, Rachel y Nate viajaron a la selva, a Shell Mera, y ella aprovechó para conocer a Steve, su sobrinito de seis meses.

Al anochecer, Rachel, Nate y Marj aprovechaban para sentarse tranquilamente en la sala de estar de Shell Merita y pasar el rato charlando. Mientras, a lo lejos, el volcán Sangay soltaba vapor y lava, Nate hablaba emocionado sobre su trabajo. Le contó que cuando la compañía petrolífera Shell abandonó las prospecciones en Oriente, le vendió la pista de aterrizaje y los terrenos anexos a Alas de Esperanza. El resto de los edificios habían sido adquiridos por la Unión Misionera del Evangelio, que había organizado un Instituto Bíblico Bereano en las instalaciones, con el fin de enseñar teología a los indígenas cristianos de la localidad.

Nate también le contó a Rachel que su avioneta se había transformado en una suerte de salvavidas, indispensable para los misioneros esparcidos por toda la región de Oriente.

—Incluso he inventado una forma de comunicarme con los que están en tierra cuando no hay pista de aterrizaje, o no es posible aterrizar por alguna razón —dijo.

—¿Y en qué consiste? —preguntó Rachel.

—La llamo «soltar el cubo». Primero vuelo en círculos sobre la persona con la que quiero comunicarme y después dejo caer una línea telefónica en cuyo extremo hay un cubo con un teléfono dentro. Una vez que he desenrollado todo el cable, empiezo hacer círculos cada vez más estrechos con el avión, hasta que el cubo se queda colgado quieto al final de la línea. Entonces la persona puede tomar el teléfono y hablamos. Funciona maravillosamente —explicó Nate.

—Se trata de una maniobra muy ingeniosa —añadió Marj—, incluso ha recibido una carta de reconocimiento y un premio de 250 dólares del director general de la Compañía Aérea Beech, por lo que han denominado oficialmente como la «técnica de línea en espiral».

Rachel se quedó muy impresionada.

—Mañana me gustaría enseñarte otra cosa que he inventado —dijo Nate.

A la mañana siguiente, después del desayuno, Nate llevó a Rachel hasta el hangar situado detrás de Shell Merita. Dentro estaba la avioneta de cuatro asientos *Piper Pacer* de la Hermandad Misionera de Aviación.

—Los principios físicos del vuelo son bastante simples, hermanita —dijo Nate—. La hélice de la avioneta se enrosca en el aire y va tirando del aparato. La avioneta, al avanzar, crea una corriente de aire encima y debajo de las alas que produce un efecto de ascensión que mantiene a la avioneta en el aire. Pero si el motor se para, también se detiene la hélice, con lo que la velocidad de la avioneta disminuye

rápidamente. Cuando esto sucede, la corriente de
aire que pasa bajo las alas se reduce y el aparato comienza a perder altitud. Si en ese momento el piloto
vuela sobre un campo abierto o una carretera puede
hacer planear la avioneta hasta lograr un aterrizaje
de emergencia. Pero si ocurre sobre la selva no hay
nada que uno pueda hacer para evitar los árboles.
Los motores de las avionetas reciben un manteni-
miento muy bueno, así que cuando un motor se
para en mitad del vuelo no suele ser por culpa de un
problema mecánico. El noventa y nueve por ciento
de las veces que un motor se para es porque el combustible tiene impurezas o ha dejado de fluir hacia
el motor. Que deje de fluir es algo que puede suceder
por diferentes causas, pero la más común es debido
a un error del piloto. A veces el piloto cambia de im-
proviso su plan de vuelo para atender a una llamada
de emergencia o por alguna otra razón, y cuando
descubre que no tiene suficiente combustible para
recorrer la distancia extra ya es demasiado tarde.
Esto supone un gran problema aquí en Oriente, así
que he estado pensando en cómo resolverlo. Con el
tiempo, he inventado este artefacto —Nate se aproxi-
mó al aparato y puso su mano sobre un dispositivo
anexado a la estructura del ala—. Lo llamo «mi lata
salvavidas».

—¿Cómo funciona? —preguntó Rachel.

—Es bastante simple. Se trata de un tanque de
combustible que me he fabricado con dos latas de
aceite de cocinar de Marj. Tiene una capacidad de
unos tres galones y va unido a la válvula de admisión
mediante este tubo de cobre. Si, por alguna razón, se
me agota el combustible o el motor comienza a pedir
más alimentación, solo tengo que tirar de una palanca
en el panel de controles del interior de la cabina para

que la válvula se abra y los once litros de combustible comiencen a fluir hacia el motor, devolviéndole la vida. Funciona a la perfección. No es mucho combustible, pero lo suficiente para mantenerte a salvo en la mayoría de los casos. He diseñado su cubierta con un pedazo de madera de balsa, para hacer el tanque más aerodinámico —añadió Nate, mientras deslizaba la palma de su mano sobre la cubierta pintada.

En aquel momento, Rachel se acordó del abuelo Proctor y de lo impresionado que aquello le habría dejado. Como inventor, se habría sentido orgulloso de la ingeniosidad de su nieto.

—Incluso he patentado el dispositivo —dijo Nate—. Y con él conectado puedo volar hasta el territorio auca, porque sé que puedo regresar con seguridad a una zona más amistosa. Quizá haya llegado el momento de que me acompañes y veas dónde está esa tribu entre la que te sientes llamada a vivir.

Rachel apenas podía contener la emoción. Una hora después, cuando Nate hubo llenado de combustible la avioneta y revisado el motor, ambos emprendieron su vuelo sobre la jungla. Veinte minutos después de despegar de la pista de Shell Mera, Nate ladeó el avión hacia la derecha.

—Lo que ves allí abajo es Arajuno —señaló.

Rachel observó aquel pequeño grupo de edificios abandonados que se esparcían a sus pies. Durante los dos años transcurridos desde que la compañía petrolífera Shell abandonara el lugar, la selva había ido reclamando lentamente el territorio. Una red de lianas se estaba tragando las construcciones, cada vez más deterioradas.

Tras sobrevolar Arajuno en círculos, Nate niveló la avioneta y se dirigió hacia el este.

—Hermanita, esa de allí abajo es tu gente. Estamos sobrevolando territorio auca.

Rachel sintió que un escalofrío recorría su cuerpo. ¡Estaba en territorio auca! Aquel era el lugar al que estaba segura de que Dios la dirigía.

—La frontera del territorio auca viene determinada en gran medida por el curso del río Napo —dijo Nate señalando hacia el lado izquierdo de la avioneta—. Este es el río Villano —añadió señalando esta vez a la derecha—, el río Arajuno es el que tenemos debajo y, delante de nosotros, está la frontera peruana.

Rachel estudió con detenimiento el terreno. La selva era tan densa que resultaba imposible ver lo que había bajo las copas de los árboles. De vez en cuando se veían pequeños claros entre la vegetación y Rachel vio que en algunos de ellos alguien había cultivado un huerto. Sin embargo, cuando llegó el momento de regresar y Nate hizo virar la avioneta para volver a Shell Mera, Rachel aún no había logrado ver a ningún auca. A pesar de ello, se sentía feliz de haber podido ver el hogar de la tribu con sus propios ojos.

Tras pasar un mes en Ecuador, Rachel se despidió de Nate, Marj y los niños, y emprendió el viaje de regreso a Perú. Durante su estancia en la región ecuatoriana de Oriente, había intentado aprender todo lo que había podido sobre los aucas, pero tenía que admitir que no había sido mucho. Debido a su terrible reputación, el modo de vida de los aucas permanecía en gran medida envuelto en un halo de misterio.

Ya de vuelta en Perú, Rachel se fue de nuevo a vivir entre los indios shapras. Cuando vio llegar a

Rachel, al jefe Tariri se le iluminaron los ojos y pronto reanudaron sus largas conversaciones justo donde las habían dejado.

Poco después de su regreso a la tribu, otra de las misioneras, Loretta Anderson, partió de permiso. Mientras Loretta estaba fuera, Rachel se dedicó a ayudar a Doris a traducir porciones de las Escrituras al dialecto de los shapras. Aquella labor le resultaba muy gratificante, y aún lo era más porque el Jefe Tariri parecía estar cada vez más cerca de aceptar el evangelio y convertirse al cristianismo. Rachel procuraba animar al jefe, aunque de vez en cuando se decepcionaba al verlo recaer en sus viejos hábitos. En esas ocasiones solía cuestionar su comportamiento. Le decía que Dios y su Hijo Jesucristo eran más poderosos que la vieja forma de hacer las cosas, más poderosos que la boa y que todos los animales y espíritus de la selva juntos. Cada vez que Rachel le hablaba así al jefe, este la escuchaba atentamente, tomándose muy en serio lo que le decía.

Aunque seguía trabajando entre los shapras, los aucas nunca estaban muy lejos de su mente, y cuando, finalmente, Loretta regresó de su tiempo de permiso, Rachel decidió que había llegado el momento de arreglar las cosas para poder trabajar entre los indios aucas de Ecuador. Por supuesto, no tenía ni idea de si lo iba a conseguir, ya que ni Wycliffe. Traductores de la Biblia ni el SIL tenían personal trabajando en Ecuador.

Finalmente, cuando faltaba poco para el mes de abril de 1953, que era la fecha establecida para que Rachel pusiera fin a su misión entre los shapras, Rachel anunció al jefe Tariri que en unos días tendría que irse.

—Pero, Tiyotari, ¿dónde vas? —preguntó el jefe.

—Voy a enseñar a otro grupo de personas. Se llaman aucas y viven al otro lado de la frontera, en Ecuador —respondió Rachel.

El jefe Tariri miró a Rachel con ojos tristes.

—Pero nosotros te queremos aquí —dijo.

—No puedo quedarme. He de ir con los aucas y contarles acerca de Dios, así como he hecho contigo y con tu pueblo. Me gustaría quedarme contigo, pero debo irme —dijo Rachel.

Pocos días antes de su partida, el jefe Tariri fue a ver a Rachel y le llevó un regalo: un tocado confeccionado con plumas de Tucán de vivos colores, idéntico al que el propio jefe llevaba. Las plumas iban trenzadas por delante formando una especie de corona, mientras que por detrás se extendía una larga cola de plumas. Rachel aceptó encantada el regalo; iba a echar de menos al jefe Tariri.

—¿Cuándo te volveremos a ver? —preguntó este.

Rachel se emocionó tanto que no logró responder.

El día de su partida, a las seis de la mañana, Rachel subió a la canoa por la que descendería el curso del río Pushaga hasta llegar al lugar donde había quedado con la avioneta que la trasladaría al campamento de la base misionera que Wycliffe. Traductores de la Biblia tenía en medio de la selva, en un lugar llamado Yarinacocha. El jefe Tariri y su familia la acompañaron al lo largo de todo el trayecto de cinco horas por el río. Cuando llegaron a la confluencia con el río Morona, la avioneta hidroavión de Wycliffe estaba allí esperándola. Después de despedirse muy emocionada del jefe Tariri y de su familia, Rachel subió a bordo del pequeño aparato, que inmediatamente despegó y comenzó a sobrevolar la densa alfombra

verde que cubría toda la distancia hasta Yarinacocha. Finalmente, tras una parada para repostar, llegó a su destino doce horas después, a las seis de la
tarde, exhausta tras el largo viaje y las emociones de
la despedida.

Al día siguiente, a la hora de cenar, Rachel se encontró en el comedor del campamento con Cameron
Townsend y su joven esposa Elaine, que le dieron
una cálida bienvenida. Tras charlar con ellos un par
de minutos, buscó un lugar en la mesa donde se encontraban Catherine Peeke y Mary Sargent, que habían sido sus vecinas misioneras más cercanas durante su estancia con los shapras. Catherine y Mary
habían estado trabajando entre los indios záparos,
que vivían junto al río Pastaza, cerca de la frontera
con Ecuador. Rachel conocía el río, porque fluía a
través de Shell Mera en su camino hacia el norte, hacia Ecuador. Mientras comían, se pusieron a charlar
de manera informal, y Catherine le preguntó:

—¿Cuál es tu siguiente destino?

Rachel dudó por un momento antes de responder.

—No voy a volver con los shapras, mi nueva tribu
está al otro lado de la frontera.

—¿En Ecuador? —preguntó Catherine.

Rachel asintió.

—Sí, en Ecuador. Voy a trabajar entre los aucas.

Catherine y Mary miraron asombradas a Rachel,
que supo inmediatamente el motivo.

—¡Pero si Wycliffe no trabaja allí! —exclamó finalmente Catherine.

Una vez más, Rachel asintió con la cabeza.

—Lo sé —respondió.

Todavía perplejas, Catherine y Mary continuaron
comiendo en silencio.

Rachel también estaba asombrada. Sentía que Dios la estaba guiando hacia los aucas, pero la organización misionera con la que se había comprometido no trabajaba en Ecuador. No tenía ni idea de cómo iba Dios a resolver aquella situación. Simplemente se limitaba a confiar en que aquello se solucionaría de alguna manera.

Cuando estaban ya en los postres, Cameron Townsend se puso en pie, carraspeó con fuerza para atraer la atención de todos los presentes y esperó a que toda la sala estuviera en silencio y todos los ojos se posaran en él, el tío Cam, como todos le llamaban con afecto. Rachel observó también mientras este sacaba una carta que acababa de recibir.

—Me gustaría leerles este mensaje que nos ha llegado hoy. Es del embajador de Ecuador en Estados Unidos y contiene una invitación al Instituto Lingüístico de Verano a trabajar en su país.

Rachel dio un respingo. Catherine y Mary la miraron con los ojos como platos. A Rachel parecía que se le iba a escapar el corazón por la boca. Esta es mi oportunidad se dijo a sí misma. ¡Dios me ha abierto la puerta para trabajar con los aucas!

Hacienda Ila

Cuando salió de la casa de huéspedes donde se alojaba y recibió en el rostro el sol brillante que iluminaba la tarde de Quito, Rachel apenas podía contener la emoción. Junto a ella estaba Catherine Peeke y, mientras ambas esperaban la llegada de un taxi, Rachel no se sentía con ganas de mantener una conversación trivial. Su mente estaba en otro lugar. Le resultaba difícil decidir cuál de los acontecimientos que la esperaban aquel día resultaba más emocionante: primero se iba a encontrar con alguien famoso, quien era la persona que más sabía de los aucas en todo el mundo, y a continuación el presidente de Ecuador la iba a recibir en audiencia.

Desde su llegada allí, Rachel se había esforzado por encontrar la manera de establecer un puente con los aucas. Sabía que era demasiado peligroso ir a la selva a tratar de contactar directamente con la tribu. Sin embargo, esperaba poder encontrar en algún lugar de Ecuador a un auca que, por alguna razón, hubiera abandonado la tribu y, además, estuviera dispuesto a enseñarle su idioma. Catherine y Rachel recorrieron Quito buscando ese auca, hasta que, cierto día, un funcionario del gobierno les recomendó que hablaran con don Carlos Sevilla.

—Es la persona que más sabe sobre los aucas —les dijo el funcionario—. Tiene una hacienda en la selva, cerca de su territorio, y todo el mundo lo llama el Daniel Boone de Ecuador.

Rachel y Catherine se apresuraron a llamar a un taxi y, en cuanto llegó, se subieron rápidamente a él, le dieron la dirección al conductor y salieron zumbando por las estrechas y llenas de agujeros calles de la ciudad hacia su destino. Tras unos minutos, el conductor detuvo el vehículo ante una gran casa pintada de blanco, muy parecida a la de Dan Warburton, a quien habían visitado hacía tres años y medio. En esta ocasión era la de don Carlos Sevilla, al que le gustaba residir en la ciudad varios meses al año.

Las dos mujeres se dirigieron emocionadas hasta la puerta principal y tocaron el timbre. Una sirvienta les abrió la puerta y les indicó que pasaran. Unos momentos después, don Carlos salió a recibirlas. Tenía un aspecto impresionante. Era alto, fornido y ancho de hombros. Tenía unos penetrantes ojos azules y su cabello, antes oscuro, estaba entreverado de canas plateadas. Con gran educación se presentó a sí mismo y condujo a Rachel y Catherine hasta el patio trasero de la casa, donde tomaron asiento en unas sillas de madera de alto y recto respaldo, situadas alrededor de una mesita baja. Las misioneras contaron brevemente a don Carlos quiénes eran y, a continuación, Rachel le compartió su deseo de irse a vivir algún día con los aucas con el objetivo de predicarles el evangelio. También le explicó que la razón de que Catherine y ella hubieran ido a hablar con él era porque se suponía que se encontraban ante la persona de todo el país que más sabía sobre esa tribu.

Don Carlos escuchó toda la explicación de Rachel en silencio y, cuando ella terminó, soltó una risa nerviosa.

—¿No lo dirá en serio? —preguntó alarmado—. No sería una forma sabia de actuar. Nadie vive con los aucas. Son impredecibles y salvajes. Si lo intenta, lo más seguro es que la maten. Tiene usted razón cuando dice que yo sé mucho sobre los aucas. He tenido mucho contacto con ellos, pero esto es todo lo que he obtenido de ellos.

Tras decir eso, don Carlos se levantó la holgada camisa de algodón y les enseñó el torso: era un laberinto de cicatrices.

—He luchado cuerpo a cuerpo con los aucas —siguió diciendo—, y soy afortunado por haber sobrevivido para contarlo. En una ocasión caminé ocho días por la selva hasta llegar a un lugar seguro, tras haber sido alanceado por un guerrero auca. Así que cuando les digo que esa gente es salvaje e impredecible, hablo por experiencia propia.

Don Carlos hizo una breve pausa, y después continúo.

—En 1914 me fui a vivir a Oriente, a la selva, donde fundé la Hacienda Capricho, junto al río Curaray, con el objetivo de plantar algodón y arroz. Pero la finca estaba en territorio auca, así que la tribu se dedicó a perseguirme a mí y a mis trabajadores. Tuvimos que soportar su acoso y sus continuos ataques, hasta que finalmente, en 1918, su salvajismo fue demasiado. Durante una de mis estancias en Quito, los aucas atacaron la hacienda y alancearon hasta la muerte a todos mis trabajadores. En ese momento decidí que ya no podía seguir intentado cultivar allí la tierra, así que abandoné esa hacienda y me establecí en una nueva, la Hacienda Ila, en los márgenes del río Anzu, bastante alejada del territorio auca. Allí di empleo a muchos indígenas, la mayoría de ellos de etnia quechua. También envié a grupos de trabajadores a recolectar caucho en la selva, y les instruí para que fueran lo más amistosos posible con los aucas que se encontraran, y que les extendieran su mano en señal de amistad.

Don Carlos balanceó con pesar la cabeza.

—Pero los aucas no comparten nuestro concepto de amistad. Lo único que saben es matar y, con los años, han emboscado y asesinado a muchos de mis trabajadores. Así que ya ve. Cuando le digo que la idea de dos mujeres estadounidenses viviendo entre los aucas es una locura y solo puede conducir a que las maten, hablo desde mi larga experiencia con esa tribu. Les ruego que no sigan adelante con su plan.

Rachel permaneció sentada en silencio unos instantes, antes de responder a las palabras de don Carlos.

—Señor Sevilla, le agradezco su preocupación y su advertencia. Soy consciente del enorme riesgo al que he de enfrentarme. Que sea lo que Dios quiera, no puedo cambiar de planes a causa del peligro, ya que Dios me ha llamado con claridad y ha dispuesto todas las circunstancias para que pueda venir a Ecuador. Pero tampoco pretendo ir a la selva al encuentro de los aucas sin haberme preparado. Mi plan consiste en aprender primero todo lo que pueda sobre su idioma y cultura. Para ello, me gustaría poder contar con su ayuda. Quizá conozca usted a algún auca que haya dejado de vivir con la tribu y que esté dispuesto a enseñarme todo lo que pueda sobre el idioma auca.

—Yo ya la he avisado. Eso es todo lo que puedo hacer. No puedo impedir que siga adelante con su plan —dijo don Carlos mirando fijamente a Rachel—. En cuanto a su pedido, mi sirvienta habla auca, quizá ella pueda ayudarla.

Don Carlos llamó a la chica que servía en su casa y cuando esta se presentó en el patio le explicó que Rachel quería que le enseñase palabras en auca, pues deseaba poder hablar el idioma.

Encantada de haber encontrado por fin a alguien que hablara auca, Rachel pidió a la sirvienta que le dijera determinadas palabras en ese idioma, y luego le pidió que las utilizara en una frase. La chica pronunció las palabras y Rachel las anotó en una libreta utilizando un sistema de transcripción fonética. Mientras Rachel tomaba notas, Catherine escuchaba atentamente las palabras que iba pronunciando la sirvienta. Catherine había aprendido la lengua quechua durante su estancia en Perú y, al cabo de un rato, se acercó a Rachel y le susurró al oído:

—No está hablando solo auca, sino que también mezcla palabras en quechua.

Rachel se detuvo de inmediato. Por su entrenamiento en el Instituto Lingüístico de Verano, sabía que no se podía aprender una lengua de alguien que mezclara su idioma nativo con otro aprendido posteriormente. Decepcionada, se volvió hacia don Carlos y le dijo:

—Desafortunadamente no podremos usar a esta chica, ya que al parecer mezcla palabras en auca con otras en quechua.

Don Carlos pareció sorprendido e impresionado.

—Su observación es muy aguda. En efecto, ella es quechua. Fue capturada por los aucas cuando era una niña pequeña y vivió entre ellos durante muchos años, aprendiendo su lengua. Pero hace ya mucho tiempo que escapó. Quizá tenga usted razón. Puede que ya haya olvidado buena parte del idioma, pues no ha tenido a nadie con quien hablarlo. Sin embargo, si quiere usted aprender el idioma auca, tengo cuatro empleadas aucas que trabajan para mí en la Hacienda Ila, en Oriente. Dentro de unos días saldré para allá, y pienso quedarme durante bastante tiempo. Si quieren pueden venir conmigo y ser mis huéspedes mientras aprenden el idioma, si eso es lo que realmente desean.

Rachel no sabía qué decir. Aquello era más de lo que había esperado: no uno, sino cuatro hablantes del idioma auca.

—Le agradezco mucho su generosa propuesta, señor Sevilla, y la acepto gustosamente —respondió Rachel.

Tras salir de casa de don Carlos, Rachel y Catherine se subieron a otro taxi y se dirigieron a la residencia oficial del señor presidente de Ecuador, don Velasco Ibarra. Durante el trayecto, Rachel pensó en la conversación que acababa de tener con don Carlos. Esta había superado sus expectativas más osadas. Oró en silencio por su encuentro con las cuatro mujeres aucas en la Hacienda Ila y pidió a Dios que estas la condujesen de algún modo hasta su tribu. Pero mientras oraba las preguntas se agolpaban en su mente. ¿Por qué habrían abandonado aquellas mujeres a su pueblo? ¿Serían bien recibidas si regresaban? Y, lo más importante, ¿estarían dispuestas a enseñarle a Rachel su idioma? Eran preguntas para las que sabía que no tenía respuestas. Así que se recordó a sí misma el versículo de la Biblia que dice: «a los que aman a Dios, todas las cosas les ayudan a bien, esto es, a los que conforme a su propósito son llamados». En ese momento, mientras el taxi atravesaba las puertas de la verja del palacio presidencial, Rachel se dijo a sí misma que, efectivamente, todas las cosas la estaban ayudando a bien.

Cuando el vehículo se detuvo frente a la residencia oficial del presidente Ibarra, Rachel sacó rápidamente el sombrero que había inventado para la ocasión. Consistía en el tocado de plumas que el jefe Tariri le había dado como regalo de despedida, al cual había cosido un velo negro por la parte delantera. Se puso el tocado en la cabeza, se arregló el velo y salió del taxi. Cameron Townsend y los demás traductores de Wycliffe que iban a ser presentados oficialmente al presidente ya estaban allí, y Rachel y Catherine se dirigieron hacia donde le esperaba el grupo.

La ceremonia oficial no tardó en comenzar. El tío Cam hizo unos breves comentarios iniciales y procedió a presentar al presidente a cada uno de los traductores que desempeñarían su labor en Ecuador.

—Esta es Rachel Saint —dijo el tío Cam cuando le llegó a Rachel el turno de saludar al presidente Ibarra—. Su deseo es entrar en contacto con los aucas y traducir la Biblia a su idioma.

Mientras estrechaba la mano del presidente, Rachel notó que este miraba fijamente su tocado, así que aprovechó la oportunidad para explicarle que era de los indios shapras, de Perú, entre los cuales había vivido durante algún tiempo. El presidente asintió, y a continuación le preguntó:

—¿De verdad pretende usted irse a vivir con los aucas?

—Sí —respondió Rachel con tono educado.

—He sobrevolado su territorio hace poco. Arrojaron lanzas a mi avioneta. Ningún blanco ha logrado vivir entre ellos. ¿Está segura de que quiere intentarlo, señorita?

Rachel miró al presidente Ibarra fijamente a los ojos, y dijo:

—Sí, creo que Dios me abrirá una puerta para que pueda hacerlo.

Una vez más, el presidente asintió y siguió con las presentaciones. Rachel esperaba que sus palabras no hubieran sonado desafiantes. Habían salido de su interior en cuanto abrió su boca como si estuvieran a presión. Pero por muy osada que hubiera podido parecer, tenía que admitir que eso era exactamente lo que ella pensaba.

El 2 de febrero de 1955, un mes después de su cuarenta y un cumpleaños, Rachel partió con Catherine al encuentro de las mujeres aucas que vivían en la Hacienda Ila. Un hidroavión del Servicio de Aviación y Radio de la Selva (JAARS, por sus siglas en inglés), la división de transporte aéreo de los Wycliffe. Traductores de la Biblia, las llevó hasta allí. Mientras el avión recorría el cielo en dirección a Oriente, Rachel aprovechó para reflexionar en lo mucho que agradecía que Catherine fuera con ella. Sabía que su compañera no había sido llamada a servir entre los aucas, sino entre los indios záparos, que vivían a

lo largo del río Pastaza, tanto en lado peruano de la
frontera como en Ecuador. Como las enfermedades
de la raza blanca se habían cobrado un terrible precio entre los záparos de Perú, reduciendo enormemente su población, Catherine decidió acompañar
a Rachel a Ecuador, con la esperanza de encontrar
más záparos con los que trabajar. No obstante, hasta
que lograra localizarlos, estaba dispuesta a ayudar a
Rachel en su aprendizaje del idioma auca.

Finalmente, el piloto hizo virar la avioneta hacia
la derecha y enfiló el aparato con el río para realizar
el amaraje. Momentos después, los flotadores del hidroavión se deslizaban por la corriente del Anzu, un
tributario[1] del Napo. Luego la avioneta avanzó lentamente hasta la orilla, hasta situarse frente al camino
de entrada a la Hacienda Ila. Rachel y Catherine des-
embarcaron y bajaron sus pertenencias del aparato,
mientras un grupo de personas salía de la hacienda
para darles la bienvenida. Poco después, don Carlos
Sevilla, que había llegado allí algunos días antes, salió también de la hacienda para saludar a Rachel y
Catherine.

—Bienvenidas a la Hacienda Ila, señoritas.

Don Carlos ordenó a sus empleados que llevaran
el equipaje de las dos misioneras y condujo a Rachel y a Catherine al interior de la hacienda. Hasta
ese momento Rachel había estado intranquila, sin
saber bien qué se iba a encontrar, pero cuando llegó a la Hacienda Ila esta resultó ser más impresionante de lo que había imaginado. La mansión de la
hacienda tenía dos plantas y muchas habitaciones,
y había sido construida con grandes troncos traídos
de la selva circundante. Estaba amueblada al estilo

1 Tributario: Dicho de una corriente de agua respecto de un río o un
mar: Que va a parar a él.

colonial español. Grandes pinturas colgaban de las paredes e inmensas alfombras cubrían los suelos de madera pulida. La casa principal se encontraba rodeada de varios edificios más pequeños que servían como alojamiento para los trabajadores y como casas de huéspedes. Uno de los edificios era una cocina, otro una pequeña escuela para los niños de los trabajadores. Más allá de la mansión y de los edificios anexos se extendían los campos de cultivo. Rachel se maravilló al pensar en el enorme trabajo que sin duda se había necesitado para limpiar los campos de la densa vegetación de la jungla y convertirlos en sembradíos. En estos crecían caña de azúcar, bananas y yuca, y también pastos donde pacían vacas y caballos. El conjunto le recordó a Rachel a un castillo medieval rodeado de sus diferentes dependencias y actividades.

Don Carlos llevó a Rachel y Catherine hasta una habitación de invitados situada en la segunda planta de la mansión principal. La habitación era grande y estaba iluminada por lámparas de queroseno. El suelo de madera pulida brillaba tanto que Rachel casi podía ver su cara reflejada en él, y la ropa de cama estaba fresca y limpia.

Tras haberse establecido en su nuevo hogar, Rachel y Catherine se unieron a don Carlos y otros miembros de su familia para la cena, que disfrutaron sentadas en unas sillas de respaldo recto situadas a lo largo de una gran mesa de madera. Después de cenar, pasaron a la veranda[2] que recorría todo el perímetro de la casa. Cuando se sentaron a charlar, don Carlos, finalmente, preguntó:

—¿Querrían ver ahora a las chicas aucas?

—Nos encantaría —respondió Rachel.

2 Veranda: Galería, porche o mirador de un edificio o jardín.

Momentos después, cuatro mujeres aucas vestidas con faldas y blusas de algodón pasaron al porche. Un niño pequeño las acompañaba, agarrado a la falda de una de ellas. Las aucas tenían la piel color café, y su cabello era grueso, liso y negro. En los lóbulos de las orejas tenían grandes agujeros, donde antes habían lucido tapones de madera de balsa.

Don Carlos se las presentó a Rachel y Catherine, quien empezó a hacerles preguntas en quechua, el idioma que hablaban los demás indígenas que trabajaban en la hacienda, y que las mujeres entendían y hablaban. Tras unos poco minutos, Catherine le dijo a Rachel que dos de las cuatro chicas eran en realidad quechuas que habían vivido muchos años entre los aucas y que ambas, junto con una tercera chica que sí era auca, la más joven del grupo, habían olvidado ya el idioma. A continuación, señalando a la mujer que llevaba el niño pequeño a su lado, dijo a Rachel:

—La única que todavía puede hablar el idioma auca es esta chica, que se llama Dayuma.

Rachel sintió que el corazón se le disparaba de emoción. Por fin había encontrado a alguien que podía hablar el idioma de aquella tribu.

—Pregúntale si estaría dispuesta a ayudarnos a aprender su lengua —pidió a Catherine.

Dayuma contestó con unas pocas palabras en quechua.

—Sí, está dispuesta —dijo Catherine exultante.

La conversación transcurrió algunos minutos más, durante los cuales Rachel supo que el hijo de Dayuma tenía tres años y se llamaba Sam. Además, aprendió algo muy importante acerca de los aucas. Dayuma les explicó que ellos se llamaban a sí mismos *huaorani*, que significa «la gente», y que la palabra auca era en realidad una palabra quechua que significa «salvaje».

—A partir de ahora siempre usaré la palabra huaorani para referirme a tu tribu —prometió Rachel.

Como Dayuma trabajaba todo el día en la plantación, solo podía reunirse con ella por la noche, así que Rachel aprovechó esos encuentros nocturnos para recopilar lenta, pero sistemáticamente, una lista de palabras huaorani. Al observarlas, pronto fue consciente que la lengua huaorani no tenía nada que ver con la variante del idioma candoshi que hablaban los indios shapras, como al principio había esperado que sucediera.

Una noche, Dayuma explicó a Rachel cómo contaba su pueblo. Su sistema era simple y directo hasta llegar a veinte. Más allá de ese número los huaorani ya no tenían forma de contar. Según Dayuma, hasta cinco contaban así: uno, dos, dos y uno, dos y dos, y entonces él o ella decían: «onompo omaempoquiae» que significa «tantos dedos como hay en una mano». Si querían decir nueve, decían: «tantos dedos como hay en una mano y dos y dos». Sin embargo, Dayuma le explicó que con un número como el nueve, lo más frecuente es que la gente uniera ambas manos y dijera: «tantos dedos como hay en dos manos», porque el diez estaba muy cerca del nueve y era más fácil decirlo de ese modo. Para contar más allá del diez, la persona unía sus manos, se miraba a los dedos de los pies y decía: «dos y uno», para indicar trece. A Rachel le pareció un sistema muy curioso, pero lógico, aunque se preguntó como harían los huaorani si alguna vez llevaban zapatos.

Durante su estancia en la Hacienda Ila trabajando con Dayuma en el aprendizaje de la lengua huaorani, Rachel se sintió frustrada por lo cerca, y a la vez lo lejos, que estaba Shell Mera de donde ella se encontraba. Estaban a menos de treinta kilómetros de distancia, y en avioneta se tardaba solo unos minutos en llegar allí. De hecho, Nate sobrevolaba con cierta frecuencia la hacienda y dejaba caer el correo de las misioneras, pero no podía aterrizar, ya que no había ninguna pista y su misión no disponía de un hidroavión para llegar allí. Así que en cuanto encontró el momento adecuado, Rachel decidió recorrer los treinta kilómetros de camino por la jungla para ir a visitar a Nate y a Marj, que por entonces tenían ya tres niños. Su última incorporación había sido un bebé rubio al que llamaron Philip, como uno de los hermanos de Nate y Rachel.

Como de costumbre, nada más llegar Rachel a Shell Mera ambos hermanos se pusieron al día de todas las novedades. Nate seguía tan entusiasmado como siempre con todos sus proyectos. Le contó a Rachel que había logrado perfeccionar su técnica de línea en espiral y que estaba más ocupado que nunca en Oriente. En los siete años que Marj y él llevaban en Shell Mera, el número de misioneros que trabajaba en la zona había pasado de doce a veinticinco. Nate no se daba importancia a sí mismo, pero Rachel sabía que la supervivencia de las nueve bases misioneras dependía de la avioneta Piper de su hermano, de su habilidad como piloto y de las cinco nuevas pistas de aterrizaje que se habían construido.

De hecho, Nate y Marj estaban tan ocupados intentado atender a las necesidades de las bases esparcidas por toda la zona, que la misión había decidido enviar a otra pareja misionera a Shell Mera

para que les ayudara a sobrellevar la carga de trabajo. Para alojarlos, Nate había construido otra casa
junto a Shell Merita, que en ese momento ocupaba
el matrimonio Keenan, formado por Johnny, Ruth
y sus dos chicos gemelos. Con el nuevo pilotó llegó
también una segunda avioneta: una Piper Cruiser
de color amarillo que Nate solía utilizar la mayoría
de las veces, en lugar de usar su avioneta Pacer.

Nate parecía especialmente entusiasmado con los
últimos tres misioneros que habían llegado a la zona.
Los llamaba «los tres hermanos», porque todos trabajaban bajo los auspicios de la Iglesia de los Hermanos de Plymouth. Jim Elliot, Ed McCully y Pete
Fleming eran graduados universitarios y contagiaron
a todos con su entusiasmo, mientras establecían bases misioneras en pequeños pueblos de toda la zona.
Tras su llegada a Oriente, Jim se había casado y su
esposa Betty estaba a punto de dar a luz. La esposa
de Ed, Marilou, iba a dar a luz a su segundo hijo. Y
Pete había viajado a Estados Unidos, y ahora él y Olive, su esposa, estaban en Quito, donde ella aprendía
español para prepararse para el regreso de ambos a
Oriente. Nate le explicó lo mucho que él y Marj dis-
frutaban de la amistad de los tres hermanos y sus
esposas.

Nate tenía más buenas noticias que compartir.
Rachel sabía que su hermano había trabajado muy
duro para montar y poner en funcionamiento una
clínica en Shell Mera, con el fin de que los enfermos
que necesitaban cuidados médicos no tuvieran que
ser trasladados en avión a través de los Andes. La
clínica florecía bajo la dirección del doctor Art Johnston, y aquel mismo mes Nate había empezado a trabajar en la construcción de un nuevo edificio para

la clínica, proyecto en el que le ayudaba Jim Elliot.

Por supuesto, Rachel quería que Nate le contara todo lo que había aprendido últimamente sobre los aucas. Las noticias eran desalentadoras. La tribu seguía atacando a los extraños. Nate le contó cómo se había visto envuelto en el último incidente con ellos. Cierta mañana, había volado temprano desde Shell Mera a la ciudad de Villano, donde había una base del ejército ecuatoriano. El gobierno había pedido a Nate que llevara allí algunas provisiones para los soldados. Tras terminar de descargar la avioneta, Nate arrancaba de nuevo el motor para despegar cuando vio a dos soldados que corrían hacia él agitando los brazos. Tras apagar el motor, escuchó a los soldados gritar que dos hombres quechuas heridos y necesitados de atención médica se acercaban en ese momento por un sendero a través de la selva.

Pronto apareció un quechua que cargaba a una mujer que llevaba clavada una lanza en la parte baja de la espalda. Su esposo caminaba cojeando tras ellos, con dos heridas de lanza en el pecho, una en la mano y otra en un muslo. Solo necesitaron dos palabras para explicarlo todo:

—¡Ataque auca!

Nate le contó a Rachel cómo había acomodado a toda prisa a los dos pasajeros atándoles los cinturones de seguridad y volado hacia un servicio de emergencia médica.

A Rachel le dio un vuelco el corazón.

—¿Pudieron decirte algo más sobre los aucas? —preguntó.

—No mucho —respondió Nate negando con la cabeza—. Solo que pensaban que, probablemente, el ataque había sido una venganza por una incursión de hace años en una aldea de su tribu, pero no estaban seguros. Eso sí, ambos opinaban lo mismo que todos: que los aucas son una gentuza[3] impredecible. Lo que está claro, querida hermanita, es que aquí todo el mundo quiere vengarse. El hombre quechua que resultó herido quiso más tarde pagar a uno de nuestros obreros para que volara de vuelta a la zona y matara en su nombre por lo menos a un auca. Nuestro obrero intentó explicarle que no estamos interesados en matar a nadie, sino en salvar a las personas por medio de la fe en Jesús, pero el hombre no pareció entender nada en absoluto.

Rachel permaneció sentada en silencio algunos instantes. Después dijo:

—Mira, Nate, no sé cómo va a ocurrir, pero creo que Dios va a usar mi contacto con Dayuma para hacer que esa tribu se abra del todo y yo pueda ser la primera persona que logre establecerse entre ellos.

A continuación le tocó a Nate permanecer un momento en silencio. Tomó del brazo a su hermana y ambos permanecieron un rato sentados, contemplando por la ventana el paisaje que se observaba desde Shell Merita, viendo cómo se ponía el sol sobre el volcán Sangay.

Nada más regresar a la Hacienda Ila, Rachel redobló sus esfuerzos en el aprendizaje de la lengua huaorani, y pronto pudo mantener con Dayuma conversaciones sencillas. Todo lo que aprendió con ella sobre su tribu confirmó la idea de Nate de que los huaorani se encontraban aprisionados en un brutal ciclo de venganzas sangrientas. La primera pista que le llevó a esta convicción provino del relato que le hizo Dayuma acerca de su infancia.

---

3 Gentuza: Grupo o tipo de gente que es considerada despreciable.

Capítulo 7

La historia de Dayuma

Una noche, Rachel tuvo que esperar bastante más de lo habitual a que Dayuma regresara de los campos de cultivo. Cuando al fin apareció, lo hizo con bastantes ganas de hablar. Se sentó con las piernas cruzadas en el suelo de la habitación de Rachel y empezó a contarle cosas.

—Esta noche voy a contarte por qué me fui a vivir con los forasteros.

Rachel tomó papel y lápiz y se sentó junto a Dayuma en un pequeño taburete. La luz de la lámpara de aceite titilaba mientras ponía por escrito las palabras que iban saliendo de la boca de la chica indígena. Aunque Rachel no podía entenderlas todas, sí podía comprender la mayor parte de lo que ella intentaba transmitirle.

—Un día, hace nueve brotes del árbol kapok, en la época en que yo aún vivía con mi pueblo, al volver a casa tras haber estado cazando en la selva, mi padre Tyaento nos dijo que una maldición había recaído sobre él: había disparado un dardo con su cerbatana a un mono, pero no había logrado matarlo. Así es como supo que los espíritus de la jungla estaban enfadados con él. «Ahora Moipa, nuestro enemigo [un conocido matón de la tribu], me clavará su lanza, y yo moriré», me dijo. Por entonces yo tenía tan solo quince años, y al oír sus palabras me asusté muchísimo.

A la mañana siguiente mi padre se internó en la selva y aquella noche no volvió a casa. Lo estuvimos esperando otras cuatro noches. Yo tenía mucho miedo de que Moipa le hubiera clavado su lanza y pensaba dentro de mí: Oh, ¿cuándo volverá a casa mi padre? Cada vez estaba más preocupada. ¿Y si Moipa ha matado a mi padre? ¿Quién protegerá a mi madre y a mis hermanas y hermanos menores del peligro de la lanza de Moipa? Nadie los protegería, así que reuní a algunos amigos y los convencí para que nos fuéramos a vivir al exterior. Ellos me dijeron: «Los cowadi te matarán y te comerán». Pero yo les dije: «Ya veremos. Es mejor huir que dejar que Moipa me mate y que mi cuerpo yazca sin sepultura en la selva, ¿no es cierto?». Así que vinieron conmigo y yo les dije: «¡Vamos! ¡Apresúrense! Debemos remar Curaray abajo más rápido que Moipa».

Rachel pidió a Dayuma que hiciera una pausa y le explicara el significado de un par de palabras, en especial el de cowadi. Así supo que ese término era la palabra huaorani para los forasteros. Tras haberle explicado el significado de esa y otras palabras, Dayuma prosiguió su relato.

—Dos días más tarde escuchamos un sonido en la jungla. Nos quedamos muy quietos pensando que quizá era Moipa, pero no. Era mi prima Dawa que corría con su bebé a la espalda. La hicimos parar y nos contó que Moipa había atacado a nuestra familia. Unos veinte parientes nuestros habían muerto a lanzadas en una sola noche. Moipa había matado a mi hermana menor a golpes de machete.

La voz de Dayuma se quebró al pronunciar esas palabras, y luego continuó en un tono cada vez más bajo.

—Le pregunté por mi madre, Akawo, pero Dawa no recordaba haberla visto, así que no supe si estaba viva o muerta. No podía proseguir, sabiendo lo que le había pasado a mi hermana y preguntándome qué habría sido de Akawo, así que nos dimos la vuelta y regresamos remando río arriba. Avanzamos silenciosamente y, tres días después, reconocí las huellas de mi madre a la orilla del río.

Rachel asintió. Sabía por su tiempo vivido con el jefe Tariri y los indios shapras que los nativos de la selva del Amazonas podían reconocer las huellas de los pies como si fueran la firma de sus dueños.

Dayuma se acomodó y prosiguió su narración.

—Seguí las huellas de pisadas hasta el interior de la jungla y allí encontré a mi madre. «Venga con nosotras, madre», le rogué. «Vayamos a la casa de los cowadi y vivamos. Si nos quedamos aquí, seguramente moriremos». «No, hija mía», me respondió Akawo. «No me comerán los cowadi. ¿Acaso no matan a todos los que van a ellos?». «No lo sé», le respondí, «pero iré en paz y ya veré lo que deciden hacer conmigo». Esa fue la última vez que vi a mi madre —dijo Dayuma, mientras se le cortaba la voz de la emoción—. Entonces, mi prima Umi, que hasta ese momento se había quedado con mi madre, y dos indígenas quechua que eran esclavas de mi tribu decidieron venir conmigo. Las esclavas llevaban seis años viviendo con mi pueblo y estaban deseando salir de la selva. Finalmente, llegamos hasta la hacienda de don Carlos Sevilla, y él nos dio ropas y nos envió a trabajar en los campos.

—Desde que te fuiste, ¿has sabido algo de tu familia? —preguntó Rachel, dejando por un momento de tomar notas.

Dayuma negó con la cabeza.

—No. Nadie más ha salido fuera, a los cowadi. No sé si es porque están todos muertos o porque tienen miedo de salir y buscarnos.

Rachel puso su mano sobre la de Dayuma.

—Quizá algún día tú misma puedas volver y averiguar si tu madre sigue viva —le dijo.

Dayuma reculó horrorizada.

—No regresaré para que me maten —replicó—. Ahora soy una forastera. Les encantaría poder matarme a lanzazos.

—Puede que Dios nos pida que regresemos juntas —dijo Rachel.

Dayuma lanzó a Rachel una mirada salvaje de miedo.

—Si Moipa no nos mata, entonces lo harán los winae.

—¿Los winae? ¿Quiénes son los winae? ¿Otra tribu? —preguntó Rachel.

Dayuma miró hacia la puerta como si temiera que alguien fuera a entrar por ella.

—Los winae viven en la selva. Son pequeños demonios que se introducen en nuestras chozas por la noche, nos chupan la sangre y nos matan. Una vez mi abuelo me dijo el nombre de todos los miembros de mi familia a los que habían matado los winae.

Rachel no dijo nada. Pero en ese momento deseó poder traducir la Biblia al huaorani más rápido de lo que, evidentemente, iba a tardar, de forma que Dayuma pudiera entender que Dios era más poderoso que cualquier winae.

Las semanas se convirtieron en meses, y cada noche Rachel siguió aprendiendo más y más palabras en huaorani, gracias a Dayuma. Durante el día, mientras Dayuma trabajaba en los campos, Rachel pasaba a limpio todo lo que había aprendido sobre el idioma y las costumbres de los huaorani.

Por aquella época, Rachel recibió una carta de Doris Cox. A Rachel se le saltaron las lágrimas al leerla y enterarse de que el jefe Tariri había, por fin, aceptado a Cristo y dejado su vieja forma de vivir. A continuación, el hijo mayor del jefe, Tsirimpo, se hizo también cristiano, seguido de Irina, la esposa de Tariri, y de otros seis miembros de su familia. Por entonces, el jefe Tariri andaba ocupado intentando que los demás miembros de la tribu aceptaran el evangelio, y había dado testimonio a otros jefes de la zona.

Tras leer la carta, Rachel decidió enseñarle a Dayuma algunas fotos suyas junto al jefe Tariri. Al verlas, Dayuma quedó fascinada al contemplar a Rachel posando junto a una familia nativa. Tras estudiar las fotografías durante varios minutos, le dijo que ahora creía que Rachel hubiera vivido con los shapras, y comprendía que su intención de ir a vivir con los huaorani era algo serio.

Dayuma pasó entonces a explicarle a Rachel más cosas sobre la historia de su familia. Le contó que Umi había visto morir al padre de Dayuma antes de huir por la selva. O, mejor dicho, que le había oído morir. Según Umi, Moipa había alanceado a Tyaento durante el ataque y lo había dejado muy malherido.

Mientras escuchaba la historia de lo ocurrido, Rachel comprendió que lo que más temía un huaorani era ser abandonado en la selva para morir y pudrirse al aire libre. Era un temor tan profundo que un huaorani prefería ser enterrado vivo que arriesgarse a que su cadáver quedara insepulto. Y eso era precisamente lo que Dayuma le contó que había ocurrido con su padre. Cuando el dolor de las lanzadas se volvió insoportable, Tyaento le dijo a su hermano: «Cávame un hoyo para que pueda meterme en él. Después cúbreme, y así moriré». Y eso fue exactamente lo que hizo su hermano. Tal y como establecía la tradición, antes de cubrir de nuevo el agujero con tierra, lo atravesó con tiras de bambú para crear un espacio en el que se pudiera respirar. Umi describió a Dayuma que había oído a Tyaento gemir y quejarse dentro de su improvisada tumba, hasta que se le acabó el aire para respirar y murió.

Tras escuchar el relato, Rachel sintió una profunda pena por Dayuma. No le extrañaba nada que no quisiera regresar con su pueblo. Su padre y su hermana habían muerto y, lo más probable, era que también hubieran matado a su madre. Toda la tribu vivía inmersa en un ciclo sin sentido de muerte y violencia, y Dayuma tenía buenos motivos para creer que si se atrevía a regresar entre los huaorani ella sería la próxima en morir.

En cuanto a Catherine Peeke, tras acompañar a Rachel hasta la Hacienda Ila partió en busca de los záparos, dejando en manos de Rachel la lenta tarea de aprender el idioma huaorani. No obstante, de vez en cuando algún otro misionero pasaba de visita por la hacienda, y Rachel siempre agradecía la oportunidad de tener a alguien con quien hablar y poder pasar un tiempo de oración.

Un día, a finales de octubre, Jim Elliot apareció por allí. Había caminado cuatro horas por la selva desde Shandia. Como su esposa y él también habían asistido al Instituto Lingüístico de Verano en Oklahoma, Jim tenía interés en saber qué tal le iba con el aprendizaje de la lengua huaorani. Rachel le contó que pasaba las tardes con Dayuma, aprendiendo nuevas palabras y tratando de entender su cultura. Por su parte, Jim compartió con Rachel los progresos que estaba haciendo en Shandia. También le explicó que había caminado hasta la Hacienda Ila por dos motivos: comprarle a don Carlos un par de lechoncillos y pedirle a Dayuma que le tradujera al huaorani un par de frases breves. Dayuma accedió a ello sin problemas y, a media tarde, Jim ya tenía sus dos cerditos y las frases traducidas, así que emprendió rápidamente el camino de vuelta a Shandia para poder llegar antes del anochecer. Tras su partida, Rachel tuvo que reconocer que su hermano Nate tenía razón: Jim Elliot, que era uno de los tres misioneros, transmitía un entusiasmo contagioso hacia su trabajo misionero en Oriente.

Poco antes de las navidades, Rachel decidió que ya sabía el suficiente huaorani como para contarle a Dayuma la historia de aquella celebración en su propio idioma. Para que todo saliera bien, puso por escrito con antelación todo lo que quería explicarle, y luego se lo fue leyendo a Dayuma en huaorani, palabra por palabra. Cuando terminó de leer, Dayuma permaneció sentada sin mostrar ningún tipo de reacción a lo que acababa de escuchar. Al comprobar su indiferencia, Rachel sintió un gran desánimo; desde luego, aquello no era lo que ella había esperado. Ambas permanecieron un buen rato en silencio, hasta que finalmente Dayuma se decidió a hablar.

—¿Cantaron todos los ángeles lo mismo que había dicho el primero? —preguntó.

Rachel soltó un suspiro de alivio. Al menos Dayuma había prestado atención a la historia y había pensado cuidadosamente en ella.

Al llegar la Navidad, Rachel necesitaba ya un descanso y aceptó agradecida una invitación para pasar una semana con Nate y Marj en Shell Mera. Los días con ellos fueron sumamente agradables. Habían decorado todo Shell Merita con motivos y luces navideñas y, en una esquina del salón, habían puesto también un pequeño árbol de navidad artificial con un montón de paquetes de regalos a sus pies. El 25 de diciembre, muy temprano, Kathy y Steve despertaron a su hermanito Phil, de un año, y luego sacaron de la cama a sus padres y a la tía Rachel para que fueran con ellos al salón a abrir los regalos. Mientras observaba a sus sobrinitos rasgar ilusionados los envoltorios de los paquetes, Rachel pensó en lo afortunada que era por haber viajado tantos miles de kilómetros desde Pennsylvania y, a pesar de ello, tener a su familia a menos de un día de viaje andando.

El día de Año Nuevo de 1956, Rachel seguía en Shell Mera. Parte de la jornada la dedicó a meditar en los retos que tenía por delante en su deseo de llevar el evangelio a los huaorani. De hecho, cuando pensaba en lo que le depararía el año entrante, venían a su cabeza más preguntas que respuestas. Mientras pensaba en estas cosas, oró: «Señor, no sé lo que me reserva el futuro. Revélate a los huaorani, con o sin mi ayuda, pero revélate a ellos».

Mientras pronunciaba aquellas palabras ignoraba por completo que, pocos días después, tendrían lugar sucesos que cambiarían no solo su vida, sino las vidas de un incontable número de personas.

Capítulo 8

Tragedia

Fue el 2 de enero de 1956, el mismo día que Rachel cumplía cuarenta y dos años. Estaba sentada cerca de su hermano, en el asiento del pasajero de la avioneta Piper Cruiser que Nate pilotaba. Ambos volaban hacia Shandia para dejar allí a Rachel y recoger a Jim Elliot, que iba a organizar unas reuniones evangélicas de una semana de duración en Arajuno. A causa de ello, Betty Elliot había pedido a Rachel el favor de ir Shandia para ayudarla con su trabajo misionero, y cuidar a su hija Valerie, de un año, mientras Jim estaba fuera. Rachel había accedido, feliz de tener al fin la oportunidad de ver en persona la obra que se estaba realizando en Shandia. En su momento, cuando lo había hablado con Jim dos meses atrás en la Hacienda Ila, la idea le había parecido muy emocionante. Durante su estancia en Shell Mera para pasar las navidades, Nate le había contado que Jim había bautizado hacía poco a veinticinco indios quechuas, y que en Shandia se estaba formando el núcleo de una fuerte iglesia local. Aquella noticia infundió en Rachel la esperanza de poder también ella obtener algún día los mismos resultados entre los indios huaoranis. Los veinte minutos de vuelo entre Shell Mera y Shandia transcurrieron sin incidentes. Cuando llegaron, la familia Elliot les esperaba al borde de la pista de aterrizaje. Tras el usual intercambio de saludos y despedidas, Nate subió de nuevo a la avioneta, esta vez con Jim como pasajero. Rachel, Betty y Valerie permanecieron en pie junto a un bosquecillo de bambú observando la maniobra de despegue, hasta que la pequeña avioneta Piper Cruiser desapareció de su vista por encima de la selva. Mientras recorrían caminando la pequeña distancia que separaba la pista de la casa de los Elliot, Betty le pareció a Rachel un poco ensimismada, así que decidió dejarla con sus pensamientos.

Una vez en casa, ambas mujeres compartieron un café mientras Betty informaba a Rachel de las cosas que había que hacer. Acababan de terminar la construcción de una nueva escuela, y le preguntó si se veía capaz de ayudar a dar clase al creciente número de estudiantes, de todas las edades, que aparecían cada mañana para aprender a leer y escribir.

Los siguientes días, todo transcurrió de acuerdo con lo planeado. Rachel tenía mucho que hacer y la semana pareció pasar volando. Al llegar el lunes por la mañana, el día en que debía regresar a la Hacienda Ila, Rachel estaba ya deseando retomar sus clases de huaorani con Dayuma. Solo le faltaba recibir un mensaje de radio de Marj anunciándole que Nate iba de camino con la avioneta para recogerla en Shandia. Sin embargo, la mañana transcurrió despacio y la radio permaneció extrañamente silenciosa. No hubo ningún mensaje de Marj. Finalmente, Rachel escuchó a Betty llamar a Marj por radio en la habitación de al lado. Se levantó y caminó hasta allí, pero al llegar a la puerta dudó por un momento. Pudo sentir la tensión que transmitía la voz de su cuñada al otro lado del transmisor:

—Johnny ha encontrado la avioneta en la playa. Le habían arrancado toda la estructura. Los hombres no estaban por ningún lado —oyó decir a Marj.

Sintió que se le erizaba el cabello de la nuca y en su mente apareció nítida una palabra: aucas. Sin necesidad de escuchar nada más, Rachel supo que, de algún modo, su hermano había entrado en contacto con ellos.

Betty se dio la vuelta y vio a Rachel en el umbral.

—Tengo que dejarte, Marj. Rachel está aquí. ¿Podría venir Johnny a recogernos? Creo que sería mejor que estuviéramos todos juntos. Cambio.

—Yo estaba pensando lo mismo —respondió Marj—. Volveré a llamarte cuando Johnny haya despegado. Cambio y corto.

—Lo siento. No quería que te enteraras de esta manera —dijo Betty girándose hacia Rachel para mirarla a los ojos—, pero los hombres tienen problemas. Hemos perdido el contacto por radio con ellos y la cosa no tiene buena pinta.

Las preguntas se agolpaban a miles en la mente de Rachel y, durante la hora siguiente, algunas de ellas obtuvieron respuesta. Por lo visto, según le había contado Betty, Jim llevaba ya desde su época del seminario albergando la esperanza de llevar el evangelio a los aucas, y había convencido a sus dos colegas de la misión de los Hermanos, Ed McCully y Pete

Fleming, para que colaboraran con él en encontrar la forma de conseguirlo. Sin embargo, ninguno de ellos había logrado averiguar una forma segura de hacerlo, hasta que Nate les habló de la técnica de la línea en espiral inventada por él. Al escuchar esas palabras, Rachel sintió que el corazón le daba un vuelco. Inmediatamente recordó con cuánto orgullo Nate le había descrito su técnica. Ahora parecía que la técnica de la línea en espiral había jugado un papel decisivo en un plan que había salido bastante mal.

Betty interrumpió sus palabras para preparar una bolsa de viaje para ella y Valerie y, a continuación, retomó el relato de lo sucedido: a mediados de septiembre, Nate y Ed habían localizado desde el aire a un grupo de aucas a los que apodaron con humor «los vecinos», ya que los McCully vivían en Arajuno, justo al borde del territorio auca. Ahora que ya habían encontrado el lugar donde vivían y tenían una forma de hacerles llegar cosas a tierra, decidieron que estaban ante una buena oportunidad de mostrar a los aucas que los misioneros querían ser sus amigos.

Durante las siguientes trece semanas, Nate y los demás hombres volaron hasta la aldea auca una vez a la semana para entregarle algo a los indios. A veces ponían un machete en el cubo, otras veces metían ropa o pequeños objetos, como espejos o terrones de azúcar. Aparentemente, todo marchaba bien, así que Nate, los tres misioneros de los Hermanos y Roger Youderian, que trabajaba para la Unión Misionera del Evangelio en la cercana Macuma, decidieron aventurarse e intentar llegar a territorio auca.

Rachel se quedó asombrada al escuchar lo que Betty le estaba contando. Se sintió traicionada,

especialmente al pensar que Nate y Jim habían estado tres meses planeando aquello, al tiempo que le
hacían creer que Jim estaba dirigiendo unas reuniones en Arajuno. Se sentía tan mal que tenía miedo de expresar sus sentimientos, pero antes de que
pudiera decir nada Betty, prosiguió el relato de la
última fase del plan de Nate y los demás.

   —Localizaron una franja de playa en la ribera del
río Curaray, a unos siete kilómetros y medio de la
aldea auca. La llamaron «Palm Beach», por la famosa playa de Florida, y Nate dijo que era lo suficientemente larga como para aterrizar allí con la avioneta.
Así que la semana pasada llevó a los hombres hasta
allí. La idea era que tres de ellos permanecieran allí
acampados, mientras Nate y Pete iban y venían todos los días con la avioneta desde Arajuno. Jim y
los demás levantarían una casa árbol prefabricada
sobre las ramas de un gran árbol situado en un extremo de la playa, y esperarían a que los aucas fueran a hacerles una visita. Y así fue, dos mujeres y
un hombre aucas, fueron a visitarlos. El hombre les
llevó regalos y Nate incluso lo invitó a dar una vuelta
en avioneta. La situación parecía muy prometedora.
Pero ayer por la noche, mientras estabas fuera en
el estudio bíblico, Marj llamó por radio para decir
que Nate no había regresado a Arajuno desde Palm
Beach antes del anochecer, como era habitual. Así
que con las primeras luces de la mañana, Johnny
Keenan había sobrevolado la zona para echar un
vistazo. La avioneta Piper tenía la estructura desmantelada y no había ni rastro de los hombres.

   A medida que iba conociendo más detalles de
lo ocurrido, el sentimiento de enojo iba creciendo
en su interior. Miedo, frustración, incredulidad e

indignación se iban sucediendo en su mente al pensar en lo que habían hecho los hombres. Pero en ese momento sus pensamientos se vieron interrumpidos por el zumbido de una avioneta que se aproximaba a la casa y, durante un instante, el corazón le dio un vuelco. ¿Sería Nate, con la noticia de que todos estaban bien? Sin embargo, inmediatamente recordó que la pequeña avioneta amarilla de Nate yacía desmantelada en Palm Beach. A pesar de ello, Rachel corrió a la puerta justo a tiempo de ver la avioneta *Piper Pacer* de Johnny Keenan sobrevolar la casa una vez más, antes de hacer un giro para iniciar la maniobra de aterrizaje.

Ambas mujeres caminaron en silencio por el camino que conducía hasta la pista. Betty llevaba a Valerie en brazos y Rachel cargaba las bolsas de viaje. Cuando llegaron junto a la avioneta, un vistazo rápido al rostro de Johnny le bastó a Rachel para saber que no traía buenas noticias. A continuación, durante el vuelo, mientras las llevaba hasta Shell Mera, el ambiente en la cabina era tenso y silencioso, y tan pronto como las dos mujeres y la niña descendieron de la Pacer, Johnny despegó otra vez para ir a recoger a Marilou McCully, Olive Fleming y Barbara Youderian.

Mientras caminaba hacia Shell Merita, Rachel vio a su sobrina Kathy y recordó que justo ese día cumplía siete años, pero la pobre apenas logró esbozar una sonrisa cuando su tía la felicitó por su cumpleaños.

Nada más entrar en la casa, Marj se levantó del puesto de radio y fue a darle un abrazo.

—No sabes cuánto siento que no lo supieras —le dijo a Rachel—. Tiene que haber sido una terrible sorpresa para ti.

—Sí, lo ha sido —respondió ella, que en realidad no quería hablar de sus sentimientos.

Al igual que ocurriera en la avioneta, durante el trayecto desde Shandia a Shell Mera, un silencio tenso cayó sobre Shell Merita. Rachel permaneció sentada sin decir nada, sumida en un mar de pensamientos confusos, con la mirada fija en el paisaje, contemplando el volcán Sangay que se alzaba en la distancia. De repente alguien llamó a la puerta y Marj se levantó a abrir, era Larry Montgomery, piloto de Wycliffe. Larry saludó a Marj y le explicó rápidamente que se encontraba de paso en Quito cuando, de repente, le vino la extraña idea de que tenía que subir a un autobús y realizar las trece horas de viaje hasta Shell Mera. Se disculpó con Marj por no haberle avisado con antelación de su llegada.

—Pasa y siéntate, Larry —dijo Marj con calma—. Tengo algo que contarte.

Instantes después, Marj compartía con Larry todos los detalles de la Operación auca, como la habían llamado los hombres. Larry escuchó con atención el relato y cuando terminó, se puso inmediatamente manos a la obra, tomando el control de la situación. Larry era amigo del general Harrison, el oficial al mando de todas las fuerzas militares de Estados Unidos en la zona del Caribe. El general Harrison era cristiano y Larry estaba seguro de que si lograba ponerse en contacto con él mediante la radio de onda corta, el general podría ayudarlos. Rachel vio a Larry y a Marj entrar en la habitación de la radio para enviarle un mensaje al general, y media hora después lograron ponerse en contacto con Harrison. Larry le describió lo sucedido y le preguntó si el ejército podía prestarle ayuda. El general le prometió que haría todo lo que pudiera.

Una hora después, otra transmisión de radio les confirmó que la ayuda se encontraba de camino. El general Harrison había llamado al mayor Nurnberg, de la fuerza aérea estadounidense en Panamá, y le había ordenado liderar un equipo militar de rescate, que en esos mismos momentos volaba desde allí en dirección a Shell Mera.

La noticia de que un equipo de rescate se dirigía hacia la zona logró tranquilizar un poco a Rachel. No importaba cómo se había llegado a aquella situación, ahora lo importante era mantener su mente clara e intentar hacer todo lo que pudiera para asegurar la supervivencia de sus compañeros.

Al caer la noche, Rachel se encontró a solas con Marj. Fue un momento duro.

—¿Por qué no me lo dijeron? —preguntó Rachel con calma—. Podría haberlos ayudado con el idioma y haber unido mis oraciones a las de ellos.

Marj asintió y se dirigió hacia su dormitorio. Un minuto más tarde regresó con un sobre y se lo entregó a su cuñada. En el exterior del sobre alguien había escrito: «Retener hasta nuevo aviso». Rachel lo abrió y empezó a leer la nota que había dentro.

> Querida hermanita:
> Como sabes, hace ya mucho tiempo que tenemos en nuestro corazón el deseo de llevar el evangelio a los aucas. Ha resultado alentador saber que el Señor ha puesto también esa carga específica en tu corazón y que actualmente te dedicas al aprendizaje de su idioma.

Rachel se detuvo un momento a enjugarse las lágrimas de los ojos, y después siguió leyendo:

Por eso, ocultarte el proyecto que hemos iniciado para contactar con ese pueblo no ha sido una decisión fácil, pero lo vamos a hacer dirigidos por la confianza que nos inspira Ed McCully, quien, como tú sabes, vive a poca distancia de los aucas, a tan solo dos días de camino por tierra.
Te escribo esta nota para que puedas entenderlo mejor y ahorrarme el esfuerzo embarazoso de tener que explicártelo, una vez que la necesidad de mantenerlo en secreto desaparezca.

Rachel le dio la vuelta a la hoja y siguió leyendo:

Estamos convencidos de que si supieras lo que vamos a hacer te sentirías obligada a divulgar la información para evitarme correr el riesgo que representa. En vista de ello, y como sabemos que ya estás orando por el contacto con ese pueblo, confiamos en que Dios prospere nuestros esfuerzos y los tuyos con el objetivo de que Cristo sea dado a conocer entre ellos.

Con cariño, Nate.

Dos días después, la noticia de la desaparición de los cinco misioneros llegó a los medios de todo el mundo y multitud de aviones comenzaron a aterrizar en Shell Mera trayendo consigo todo tipo de personas. Sam, el hermano mayor de Rachel, llegó para ofrecer su apoyo. También llegaron dos representantes de Misiones Cristianas en Muchas Tierras, la agencia misionera de los Hermanos de Plymouth, en la que servían Jim Elliot, Pete Fleming y Ed McCully. El presidente de la Hermandad Misionera de Aviación, Grady Parrot también fue allí desde Los Ángeles, así como Abe Van Der Puy, misionero en Quito de la Hermandad Misionera de la Radio Mundial

(HCJB), que fue para coordinar el envío de boletines
de noticias y comunicados de prensa. Jerry Hannifin,
corresponsal en el extranjero de la revista Time también se desplazó a Oriente desde Quito, y en la ciudad
de Washington, el famoso fotógrafo de la revista Life,
Cornell Capa, convenció a sus superiores para que le
dejaran cubrir la noticia y se traslado también hasta
Shell Mera.

También llegó equipamiento. El martes por la noche aterrizaron dos aviones de transporte C-47 de las
fuerzas aéreas estadounidenses que venían de Panamá. Uno de ellos llevaba un equipo de rescate y el
otro un helicóptero H-13. A la mañana siguiente, el
helicóptero fue descargado y montado rápidamente
para su uso en la búsqueda. Otros aviones de fuerza aérea ecuatoriana, que habían llevado hasta allí a
veinte soldados, también se quedaron para ayudar en
las tareas de localización.

Rachel intentaba ayudar en todo lo que podía,
pero también procuraba no ser un estorbo para los
que trabajaban a su alrededor. Aún no habían localizado ningún cuerpo, así que todos se aferraban a
la esperanza de que los misioneros siguieran vivos
en algún lugar de la inmensa selva. Sin embargo, en
lo más profundo de su corazón Rachel se temía lo
peor. Todo lo que sabía sobre los huaorani la llevaba
a pensar que si estos habían descubierto a los cinco
hombres en su territorio, lo más seguro es que los
hubieran matado.

Por si acaso todavía estaban vivos e intentando
escapar del territorio auca a través de la jungla, se
había organizado a toda prisa un equipo de búsqueda. Pidieron a Frank Drown, que había trabajado
con Roger y Barbara Youderian en Macuma, que lo

liderara. Frank había trabajado en Oriente durante doce años y conocía mejor que nadie todos los problemas a los que tendría que enfrentarse el equipo que intentara llegar por tierra a Palm Beach. El doctor Art Johnston, de la clínica médica, se ofreció voluntario para formar parte de la partida de búsqueda, y también lo hicieron otros misioneros de la zona. Todos se reunieron en Arajuno y partieron al amanecer del miércoles 11 de enero, acompañados por trece soldados ecuatorianos.

Aquel miércoles también trajo la noticia más temida por Rachel. Johnny Keenan sobrevoló de nuevo la zona de Palm Beach y divisó dos cuerpos flotando a medio kilómetro río abajo. Ambos llevaban pantalones cortos de color caqui y camisetas blancas. Dado que cualquiera de los hombres del grupo podía haber vestido aquellas ropas, Johnny no pudo identificar a quiénes correspondían los cuerpos.

Al llegar el jueves, el helicóptero estaba ya preparado y pudo iniciar la búsqueda de los hombres por Palm Beach. Cuando el aparato regresó a Shell Mera, el mayor Nurnberg, comandante del equipo de rescate de las fuerzas aéreas estadounidenses, les informó que habían localizado cuatro cuerpos parcialmente sumergidos en las proximidades de la zona de búsqueda.

El viernes por la mañana, Rachel vio partir de nuevo al helicóptero en dirección a la jungla. Sabía que el equipo que avanzaba por tierra había logrado llegar a salvo a la zona de Palm Beach y que la aeronave iba a ayudarlos en la localización de los cadáveres. Rachel, Marj y las esposas de los demás hombres esperaron con paciencia las noticias que pudiera traer a su regreso el equipo de búsqueda que había avanzado por la selva.

Dos días y medio después, llegaron a Shell Mera. Y al cabo de un rato, Rachel y las cinco esposas se reunieron en la cocina de Shell Merita para escuchar el informe de Art Johnston acerca de lo que habían encontrado en Palm Beach. Art les informó de que el jueves 12 de enero de 1956 había sido un día que los miembros del equipo de búsqueda y rescate jamás podrían olvidar, sin importar cuánto lo intentasen. El equipo había pasado la primera noche acampado fuera del territorio auca, pero, al amanecer, levantaron el campamento y se internaron en la zona de riesgo. Avanzaron remando en canoas por el serpenteante y poco caudaloso río Curaray y, hacia el mediodía, se cruzaron con un grupo de indios quechuas que se dirigían corriente arriba. Aquello constituyó una sorpresa, ya que el grupo procedía del corazón del territorio auca. Frank Drown habló con ellos y descubrió que eran cristianos de Arajuno, el poblado donde vivían Ed y Marilou McCully, que al enterarse de lo que había ocurrido habían montado su propia partida de búsqueda e intentado localizar a los misioneros. Pero no tenían buenas noticias que comunicarle a Frank. Los indígenas habían localizado el cadáver de Ed flotando corriente abajo desde el lugar donde se encontraba la avioneta. Uno de los quechuas había tomado el reloj de Ed para entregárselo a su viuda. También le habían quitado uno de sus zapatos y lo habían llevado corriente arriba, para dejarlo junto a los restos de la aeronave.

Rachel escuchó con atención el relato de Art, quien prosiguió su informe comunicándoles que a partir de ese momento las esperanzas del equipo de búsqueda de encontrar con vida a alguno de los misioneros comenzaron a desvanecerse. El equipo siguió remando corriente abajo mientras vigilaban con atención cualquier movimiento o sonido que partiese de la selva que bordeaba el río y que pudiera indicar que los guerreros aucas se encontraban cerca.

Finalmente, con el cielo oscurecido por la lluvia, la partida llegó a Palm Beach. El helicóptero militar traído desde Panamá pasó volando sobre sus cabezas, tal y como habían planeado. Luego se dirigió río abajo unos pocos metros hasta detenerse sobre una determinada zona. Era la señal de que el aparato les estaba indicando la localización de un cuerpo. Encontraron el cadáver enredado entre las raíces de un árbol y lo arrastraron corriente arriba. El helicóptero siguió moviéndose y una hora después el equipo había rescatado los cuerpos de cuatro hombres. Los cadáveres habían permanecido en el agua tanto tiempo que estaban irreconocibles, pero los relojes y los anillos de matrimonio les permitieron identificarlos: eran los cuerpos de Nate Saint, Jim Elliot, Roger Youderian y Pete Fleming.

Art les informó de que no habían logrado encontrar por ninguna parte el cadáver de Ed McCully, por lo que llegaron a la conclusión de que la corriente del río lo había arrastrado lejos. Sin embargo, encontraron su zapato junto a la avioneta, justo donde los quechuas lo habían dejado, y no había ninguna duda de que se trataba del zapato de Ed, ya que este calzaba una talla enorme. Dicho zapato confirmaba el informe de los quechuas acerca del hallazgo del cuerpo de Ed, así que, según Art, no había ninguna duda de que los cinco hombres habían muerto.

Rachel permaneció en silencio escuchando el resto del relato. Art les contó que Frank había subido a la casa árbol construida por los misioneros tratando de encontrar alguna pista que les ayudara a entender el motivo de aquella horrible matanza, pero, infelizmente no halló nada que pudiera aclararles lo ocurrido.

También les contó que el cielo se fue oscureciendo cada vez más y los miembros del equipo de rescate trabajaron a toda prisa para cavar una fosa común a los pies de la casa árbol. Los trece soldados ecuatorianos establecieron un perímetro de vigilancia alrededor de Palm Beach, con la mirada puesta en la selva y el dedo en el gatillo de sus fusiles, atentos al más mínimo movimiento en la vegetación de la jungla.

Entonces comenzó a caer una pesada manta de lluvia y los miembros del grupo tomaron algunas de las hojas de aluminio del tejado de la casa árbol y las utilizaron para protegerse del intenso diluvio. El sonido de un gran trueno retumbó en la jungla justo cuando depositaban los cuerpos dentro de la fosa común. Frank recitó una breve oración con los cadáveres aun insepultos y, nada más terminaron de tapar la fosa, la partida de búsqueda partió de regreso a casa. Hicieron todo el camino de vuelta temiendo por su propia seguridad, atentos a cualquier crujido o incluso al sonido de una ramita partiéndose en la vegetación, con miedo de descubrir algo que pudiera indicar que los aucas se habían emboscado para atacarlos y matarlos a todos.

Por último, Art les entregó los objetos personales que los miembros del equipo habían tomado de los cadáveres. También habían encontrado la cámara de Nate sumergida en el lecho del río, con una película aún sin revelar en su interior. Art dejó la cámara en la mesa, en frente de Marj.

Tras escuchar el desgarrador relato, Rachel supo que había llegado el momento de retirarse para escribir a sus padres. Estas fueron algunas de sus palabras:

> En cuanto a ustedes, que están tan lejos, rogamos que el Espíritu Santo los conforte. Le dije al Señor que estaba dispuesta a hacer cualquier sacrificio para llevar el evangelio a estos indígenas, y este ha sido el primero que me ha pedido. Ya saben lo mucho que quería a Nate. Podemos regocijarnos al saber que él se encuentra ahora en la presencia del Señor...
>
> Quiera Dios darme aún el privilegio de visitar a estos mismos indígenas, poder traducirles Su preciosa Palabra y ser testigo de la cosecha que han de producir los cinco granos de trigo profundamente plantados en el río Curaray, en tierra auca.

En efecto, su hermano había muerto, asesinado por ese mismo pueblo al que ella había decidido consagrar lo que le quedara de vida, a fin de llevarles el evangelio, pero eso no hizo que Rachel dudara de su llamamiento ni se replanteara su decisión de seguir adelante. Tenía que confiar en que la muerte de su hermano había sido por un buen propósito.

Capítulo 9

De regreso a la hacienda

Rachel y su nueva compañera, Mary Sargent, marchaban en fila india a lo largo de un estrecho sendero en medio de la selva. Era marzo de 1956 y Rachel regresaba por fin a la Hacienda Ila. Las enormes plantas aéreas, algunas con hojas de casi un metro de anchura, colgaban sobre el camino desde la cima de los árboles. Los monos aullaban llamándose entre sí y jugaban saltando por las ramas, al son del chillido de los tucanes y el croar de las ranas. A pesar de todo ese ruido de fondo, las dos mujeres caminaban en silencio a través de la jungla.

Mientras avanzaba, las preguntas se agolpaban en el interior de la mente de Rachel. Ya habían pasado dos meses desde la muerte de los cinco hombres y no sabía si Dayuma seguiría esperándola en la hacienda. Había escuchado rumores que decían que algunos reporteros en busca de noticias le habían ofrecido dinero para que los guiase hasta territorio huaorani. ¿Habría aceptado Dayuma? ¿Y cómo afectaría el asesinato de los cinco misioneros a su relación con ella? Las fotos de la cámara fotográfica de Nate que habían logrado revelar mostraban a tres de los huaoranis que habían visitado a los misioneros en Palm Beach antes de su muerte. Sus retratos habían aparecido en todos los periódicos de Ecuador, y Rachel estaba segura de que alguien se las habría enseñado a Dayuma. ¿Y si alguno de ellos era familiar suyo? ¿Crearía eso un foco de fricción entre Dayuma y ella? Y si uno de los atacantes era familiar de Dayuma, ¿tendría ella tan interiorizada la cultura huaorani del asesinato y la venganza, que estaría temiendo que la hermana de Nate quisiera vengarse y matarla?

Rachel no tenía respuestas a esas preguntas, así que intentó apartar su mente de ellas y se puso a orar por las cinco viudas y sus hijos. En los dos meses siguientes a la matanza, cada una de ellas había tenido que decidir qué hacer a continuación con su vida. Marilou McCully, que estaba embarazada de ocho meses y medio cuando mataron a su marido, regresó de inmediato a Pontiac, Michigan, para dar a luz a su bebé. Algún tiempo después Rachel se enteró de que había tenido un hijo, y que este había nacido en perfectas condiciones. Olive Fleming había permanecido un mes más en Shandia, en casa de Betty Elliot y su hija Valerie, y luego había decidido regresar a Estados Unidos, donde tenía numerosas invitaciones para hablar de lo ocurrido a los cinco mártires. Bárbara Youderian y sus dos hijos regresaron a la base de la misión en Macuma, donde ella dividía su tiempo entre el cuidado de los niños y la colaboración en diversas actividades de la misión.

Finalmente, Marj Saint seguía todavía en Shell Mera, sentada día tras día en su habitual puesto de comunicaciones de radio, solo que ahora siguiendo las idas y venidas de Johnny Keenan, en lugar de las de Nate. Tan pronto como llegara un piloto para sustituir a Nate, la intención de Marj era trasladarse a Quito para dirigir la casa de huéspedes para misioneros que tenía allí la Hermandad Misionera Mundial Radiofónica (HCJB, en sus siglas en inglés).

Así, a pesar del dolor, cada una de las viudas pudo continuar con su vida. Las cinco aún despertaban mucha atención en la prensa, y con frecuencia recibían la visita de reporteros que querían entrevistarlas y fotografiarlas. Rachel, en cambio, pasó desapercibida para los medios, algo que ella agradecía, ya que le permitía ayudar a Marj con los niños sin llamar la atención y esperar al momento adecuado para reencontrarse con Dayuma. Con Mary Sargent a su lado, Rachel sintió que ese momento había llegado, de ahí que estuviera regresando para retomar la ardua labor de desentrañar el idioma huaorani.

Tras varias horas de marcha, cuando el sol de la tarde se ocultaba ya tras los picos de los Andes y las sombras avanzaban por la selva de Oriente, Rachel y Mary doblaron la última curva del camino y vieron la Hacienda Ila a lo lejos. Pocos minutos después, vieron la figura de una mujer que salía apresuradamente de la casa y empezaba a correr hacia Rachel. ¡Era Dayuma!

—¡Has vuelto! —exclamó Dayuma gozosa— ¡No estás muerta! ¡Has regresado!

Pronto Rachel y Dayuma se fundieron en un abrazo, con el pequeño Sam agarrado a las rodillas de la misionera.

—¡Estás aquí! —exclamó Dayuma, apartándose un paso para contemplar mejor a Rachel—. A veces salía a dar una vuelta sola y clamaba al cielo, gritando «¡Rachel, regresa!», y lo has hecho.

Rachel sonrió. Cualquier preocupación que hubiera podido tener acerca de su relación con Dayuma por culpa de los asesinatos se desvaneció en un instante.

Tras dejar la mochila en su cuarto y saludar a don Carlos Sevilla, Dayuma y ella se sentaron a charlar en la veranda. Pronto la conversación derivó hacia la matanza, así como al motivo por el que Rachel había estado tanto tiempo fuera.

Mientras hablaban, esta le mostró a Dayuma algunas copias de las fotos halladas en el carrete de la máquina fotográfica de Nate. Dayuma quedó impresionada con la calidad y el color de los retratos, comparado con las imágenes borrosas y granulosas que había mostrado el periódico local. Observó con cuidado cada una de las fotografías, estudiando detenidamente los rostros que contenían.

Finalmente, tras varios minutos de observación, Dayuma exclamó:

—¡Tía Mintaka!

Rachel permaneció en silencio mientras Dayuma señalaba con el dedo a la anciana mujer huaorani que aparecía en una de las fotos de Nate.

—Es la hermana de mi madre —explicó Dayuma—. Y esta —dijo señalando a una chica joven—, creo que es mi hermana pequeña, Gimari. Pero no estoy segura, ha cambiado mucho. En cuanto a este —añadió apuntando al hombre de Palm Beach que los cinco misioneros habían apodado George—, creo que también es de mi familia.

Rachel le explicó que los tres huaoranis de la foto habían visitado Palm Beach el viernes anterior al día en que los misioneros fueron asesinados a lanzadas, y habían pasado el día con ellos.

Dayuma estudió otra de las fotografías con mucha atención. Era un retrato de los regalos que los huaoranis habían depositado en la cesta situada al final de la cuerda que habían descolgado desde la avioneta, en respuesta a los presentes que los misioneros les habían entregado en ella. La visión de dichos regalos, en especial la de los cestos y alfombrillas tejidos con diseños huaorani, parecieron remover en el interior de Dayuma una añoranza muy profunda por su pueblo.

—¡Quién sabe! —dijo Dayuma melancólicamente—. Si mi tía aún está viva, quizá mi madre lo esté también.

Rachel le contó a Dayuma la historia de cómo habían muerto los misioneros, y esta la interrumpió a menudo para disculparse y lamentar que hubieran matado a su hermano y a otros buenos extranjeros.

Cada vez que Dayuma se disculpaba, Rachel le recordaba que Dios tenía el control y que algún día, a su tiempo, extraería algo bueno de la muerte de aquellos hombres.

—Además —añadió Rachel—, es verdad que Nate ya no está aquí, pero algún día le veré de nuevo en el cielo.

A Dayuma le intrigaron mucho aquellas últimas palabras y quiso saber cómo era posible que un cuerpo regresara a la vida tras haber muerto. Utilizando la historia de la resurrección de Lázaro por Jesús, Rachel le explicó detenidamente el poder de Dios para resucitar a los muertos y cómo tras la muerte, nuestros espíritus se dirigen a estar con Dios en el cielo. Allí estaba ahora el espíritu de Nate, le explicó, y algún día su espíritu también iría allí, y podría reencontrarse con Nate. A Dayuma le costó un poco, pero al final logró entender la idea y su rostro se iluminó de felicidad.

Poco después del regreso de Rachel a la Hacienda Ila, don Carlos y muchos de sus trabajadores se desplazaron a la Hacienda San Carlos, situada algo más lejos del territorio auca, junto al río Anzu. Rachel sabía que don Carlos llevaba ya algunos años levantando aquella nueva hacienda, bastante mayor que la Hacienda Ila. Como Dayuma tenía que mudarse a la nueva hacienda, don Carlos contaba con que Rachel y Mary Sargent hicieran lo mismo, así que se mudaron con ellos.

Al principio, el nuevo emplazamiento produjo un resultado positivo en los estudios lingüísticos de Rachel. Dayuma fue ascendida a criada doméstica, lo que le proporcionó la oportunidad de tener algún contacto con Rachel durante el día. Pero la colaboración que mantenían para el aprendizaje de la lengua se resintió, a causa de la presión mediática que aún generaba la muerte de los cinco misioneros en Palm Beach.

Tras la matanza, las viudas habían escogido a Betty Elliot para que escribiera el relato oficial de la tragedia. El libro resultante, titulado *Portales de esplendor*, salió a la venta en todas las librerías en agosto de 1956, y se transformó de inmediato en un gran éxito. Por aquellas mismas fechas, la revista Reader's Digest[1], publicó un artículo sobre las muertes que también fue muy leído. Todos los días alguien intentaba entrar en contacto con Rachel o

1   Reader's Digest: revista Selecciones en español.

con alguna de las viudas para conocer más detalles sobre los asesinatos y los aucas. En una carta a sus padres, Rachel les explicó los problemas que esto le causaba:

> La situación ha cambiado considerablemente. Un año atrás éramos los únicos que habíamos dado pasos concretos para avanzar en el aprendizaje de la lengua auca, ahora todo el mundo está interesado. Esto me ha puesto las cosas muy difíciles. Apreciaría mucho vuestras oraciones pidiendo que el Señor me ayude a hacer mi parte discretamente. No tengo ningún interés en llamar la atención, pero pienso que debería continuar trabajando con Dayuma. Ambas nos queremos mucho y el Señor conoce mi corazón. El propio Nate siempre tuvo la esperanza de que se me abriera un camino que me permitiera alcanzar a los aucas con el evangelio.

Sin embargo, las oraciones de los padres de Rachel no parecieron tener la respuesta esperada. La Haciendo San Carlos se transformó en el punto de encuentro de todo tipo de aventureros, escritores y simples curiosos, y todos tenían algo común: querían y, a veces, incluso exigían la atención de Dayuma. Algunos llegaron a sugerir a don Carlos Sevilla que les permitiera contratar a Dayuma como guía. A Rachel le gustó mucho la respuesta de su amiga auca ante tales sugerencias: —Solo volveré a mi tribu cuando Dios me diga que vaya —decía ella.

Con el paso del tiempo, a Rachel se le hizo casi imposible pasar algún tiempo con Dayuma, y escribió en su diario:

> He orado pidiéndole a Dios fe para seguir adelante sin desanimarme. Solo puedo escuchar el idioma

unas tres horas a la semana, así que dependo totalmente del Señor para que mi labor avance, pero
Él es poderoso para hacerlo, y también para hacer
que las circunstancias cambien.

Mientras tanto, todo el mundo parecía tener un
plan sobre cómo llevar el evangelio a los aucas. Los
obreros de la MAF le propusieron a Rachel enviar a
Dayuma en un pequeño aeroplano para que predi-
cara el evangelio a su tribu por medio de un altavoz.
Rachel se resistió a la idea, ya que no estaba totalmente segura de lo que diría Dayuma con la emoción
del momento. Ella aún sentía un odio profundo hacia
los hombres que habían matado a su familia, y Rachel temía que utilizara la oportunidad para amena-
zarlos, acabando con cualquier oportunidad de construir un puente de confianza entre los misioneros y
los huaorani.

A Rachel también le preocupaba la posibilidad
de hacer volar sobre territorio selvático peligroso a
la única persona fuera de la tribu capaz de hablar
el idioma huaorani con fluidez. En su opinión, eso
suponía un riesgo inaceptable, y estaba segura de
que Nate hubiera coincidido con ella.

A pesar de ello, mucha gente seguía cuestionando
su opinión sobre el asunto, por lo que se alegró al saber
que el Dr. Kenneth Pike, su profesor de lingüística en
el ILV, iría a visitarla. Ken había contraído matrimonio
con la sobrina de Cam Townsend y se había transformado en un experto lingüista de fama mundial.

Cuando Ken llegó a la Hacienda San Carlos, Rachel aprovechó para compartir con él todas sus frus-
traciones. Su antiguo profesor la escuchó con paciencia y la tranquilizó, asegurándole que hacía lo
correcto.

—Sigue peleando la buena batalla —dijo animándola—. Un día usarás el idioma para alcanzar con el evangelio a un montón de personas, estoy seguro.

Rachel se aferró a esas palabras, aunque a veces sentía que su fe en ellas se evaporaba. Su esperanza de predicar a los huaorani llegó casi a desaparecer cuando supo lo que le había ocurrido al doctor Tidmarsh, un anciano misionero de los Hermanos de Plymouth al que Jim Elliot había sustituido en Shandia. Cuando le llegó la noticia de lo que le había ocurrido a su joven sustituto, el Dr. Tidmarsh volvió a Oriente con la esperanza de proseguir el trabajo de llevar el evangelio a los huaorani. Se instaló en una pequeña cabaña en territorio auca y se quedó a vivir allí entre semana, mientras los fines de semana los pasaba en Arajuno. Un lunes, cuando regresó a su cabaña en la selva, encontró el lugar todo revuelto. En la puerta había dos lanzas cruzadas, y habían arrojado otras dos contra las ventanas. Una de las lanzas tenía clavadas en la punta varias páginas de una Biblia que Betty Elliot identificaría posteriormente como la Biblia de Jim. No era una buena señal, y el Dr. Tidmarsh decidió abandonar su proyecto de vivir en la selva.

Cuando Rachel se enteró de lo sucedido casi se desespera, pues no lograba imaginar cómo iba a conseguir cualquiera acercarse lo suficiente a los huaorani cómo para convencerlos de que los visitantes no pretendían hacerles daño.

Mientras tanto, seguía esforzándose por entender y hablar el huaorani, aunque progresaba con lentitud. Una pequeña pausa en la monotonía diaria se produjo cuando don Carlos permitió a Rachel llevarse a Dayuma a Quito a pasar las navidades. Por aquellas fechas, Marj Saint dirigía la casa de huéspedes para misioneros del HCJB en la ciudad y lo dispuso todo para que las dos se sintieran como en casa.

A Rachel le alegró descubrir que los tres niños de Marj se encontraban bien. Kathy y Steve, los dos mayores, asistían a la escuela de la Alianza Cristiana Misionera, que se encontraba al final de su calle.

Rachel disfrutó de la compañía de Marj y los niños, pero lo que más le gustaba era sentarse y ver cómo interactuaba Dayuma con los misioneros. Era la primera vez que se encontraba en medio de un grupo tan grande de cristianos, y era evidente que aquello estaba produciendo un gran efecto en ella. Tan solo unos días después, Dayuma le pidió a Rachel que le enseñara más historias de la Biblia, y su cara resplandecía de gozo a medida que esta se las relataba.

Unos días antes de que regresaran a la Hacienda San Carlos, Rachel estaba ya convencida de que Dayuma había entendido el mensaje del evangelio y lo había aceptado. Para Rachel, la prueba de ello estaba en el tremendo deseo que mostró Dayuma de compartir con Winaemi, su joven amiga huaorani, las nuevas historias bíblicas que había aprendido. Aunque ambas mujeres solían hablar entre ellas en quechua, Rachel podía entender gran parte de lo que Dayuma decía. En cierta ocasión, cuando terminó de transmitirle una de las historias bíblicas, Dayuma se giró hacia Rachel y le dijo:

—Si le enseñas acerca de Dios, ella acabará amándolo. Ahora solo lo ama un poco. Le contaré mucho, y entonces acabará amándolo mucho... ¿por qué no hiciste que lo amara hace mucho tiempo?

Rachel pensó entonces en todos los misioneros que deseaban llevar el evangelio al pueblo de Dayuma, tan pronto como este pareciera preparado para recibirlo, o al menos tan pronto como pareciera que no iban a matarlos nada más llegar allí.

En abril de 1957, Rachel recibió una petición muy extraña de Cameron Townsend. Al principio la rechazó por completo, considerándola demasiado extravagante como para concederle un segundo pensamiento. Pero, tras ponerla en oración, Rachel acabó por creer que Dios quería que ella y Dayuma accediesen a la petición del tío Cam. Así, al llegar junio, Dayuma y ella partieron rumbo a Hollywood, California.

Sorpresas

Era 1 de junio de 1957, ya habían pasado un año y cinco meses desde la muerte a lanzadas de los cinco misioneros en Palm Beach. Rachel estaba sentada en un gran avión de pasajeros junto a Dayuma, que asía con fuerza una de sus manos. El avión sobrevolaba en círculos el aeropuerto internacional de Miami, mientras esperaba la autorización de la torre de control para aterrizar. Era su primera parada en territorio estadounidense. Tras pasar la aduana y los controles de inmigración, subirían a bordo de otro aparato para realizar la última etapa de su viaje, que las llevaría hasta California.

Le habían pedido que acompañara a Dayuma a Estados Unidos para que esta pudiera participar en un programa de televisión sobre don Carlos Sevilla, que iba a titularse El Daniel Boone de Ecuador. Cameron Townsend estaba muy interesado en que Dayuma apareciera en el programa y había enviado a Rachel una carta a Ecuador explicándole lo importante que era la participación de su amiga indígena, a fin de divulgar la importante labor que los misioneros de Wycliffe estaban realizando en la región de Oriente. Aunque ese no era el tema del programa, el tío Cam tenía la esperanza de que cuando la entrevistaran acerca de don Carlos, Dayuma pudiera decir algo que sirviera para dar a conocer el trabajo de la misión.

En un primer momento, los motivos del tío Cam no convencieron a Rachel, dada la enorme conmoción cultural que la estancia en Estados Unidos podía suponer para una mujer huaorani, así como el riesgo de que contrajera alguna enfermedad para la que no estuviera inmunizada, y que pusiera en riesgo su vida. Sin embargo, finalmente decidió acceder a la petición del tío Cam. Al fin y al cabo, él era el jefe de su misión. Y esa era la razón de que ambas se encontraran por entonces de camino a Hollywood.

Por fin, el avión aterrizó en Miami y, nada más desembarcar, Dayuma comenzó a recibir su clase de educación multicultural. Rachel vio cómo los ojos de la mujer *huaorani* se abrían como platos al observar tantas caras blancas. Luego se fueron a comer algo y Dayuma se quedó paralizada ante la abundancia de alimentos desplegada ante sus ojos. Tras muchas dudas, eligió una bolsa de patatas fritas, pero se quejó de que su sabor era demasiado intenso. Mientras comían, Dayuma observaba detenidamente a la multitud que se dirigía a sus respectivos aviones, hasta que al fin preguntó:

—Todas estas personas, ¿aman a Dios?

Rachel respiró profundamente. Era una buena pregunta, pero no sabía cómo contarle que aunque todas aquellas personas tenían acceso a la Biblia, muy pocas de ellas la leían o vivían según sus enseñanzas. Tras la escala en Miami, Rachel y Dayuma volvieron a embarcar, esta vez con destino a Hollywood, y una vez allí, la tarde del miércoles 5 de junio, Rachel llevó a Dayuma a un ensayo del programa de televisión sobre don Carlos Sevilla. Al llegar se sentaron en un plató decorado con palmeras y una choza de paja, y Rachel aprovechó para charlar con Ralph Edwards, el presentador del programa. Mientras estaban allí charlando, Rachel escuchó de fondo la inconfundible voz de su padre que procedía de fuera del escenario. Le sorprendió que los productores del programa se hubieran tomado la molestia de grabar una cinta con la voz de su padre, y se sintió algo confusa. Entonces, pudo ver por el rabillo del ojo que alguien se aproximaba al escenario. Rachel se dio la vuelta y miró, ¡era su padre!

—¿Qué estás haciendo aquí? —preguntó Rachel mientras corría a abrazarlo.

Justo en ese momento, su hermano Sam subió también al escenario, seguido por varios viejos amigos del colegio de cuando vivían en Huntingdon Valley. Rachel estaba tan sorprendida que se quedó paralizada, sin reacción. Entonces Sam la besó y le susurró al oído:

—No se lo pongas tan difícil a Ralph, hermanita, él trabaja contrarreloj.

En ese increíble instante lo comprendió todo. Ella era la protagonista del programa y aquello no era ningún ensayo. ¡Las cámaras estaban filmando y retransmitiendo en directo! En ese momento, Ralph Edwards, con una gran sonrisa en el rostro, miró a una de las cámaras y anunció:

—¡Rachel Saint, esta es tu vida!

Al haber pasado los últimos años viviendo en Perú y Ecuador, Rachel no sabía que Esta es tu vida era un programa de televisión muy popular en Estados Unidos. Cada semana, una persona famosa o con una vida interesante era llevada al estudio sin sospecharlo y se la sorprendía con la noticia de que ella era la protagonista. Durante el programa iban pasando diferentes invitados relacionados con esa persona, que contaban anécdotas sobre su vida. En aquella ocasión, para engañar a Rachel los productores habían inventado la historia de que iban a dedicar un programa a don Carlos Sevilla, y ahora la sorprendían al revelarle que en aquel momento ella era la protagonista de un programa en directo que tenía una audiencia de treinta millones de personas.

Aunque ni ella misma había logrado todavía asimilar bien lo que estaba ocurriendo, Rachel intentó explicárselo lo mejor que pudo a Dayuma. Mientras tanto, un flujo de personas seguían pasando por el escenario. Además de sus padres y sus hermanos, allí estaba Beryl Walsh Adcock, su amiga de la infancia de Huntingdon Valley, el doctor Addison Raws, del Centro de Rehabilitación Keswick, Loretta Anderson, misionera en la tribu shapra de Perú. A la única persona que no le sorprendió ver fue a don Carlos Sevilla, ya que siempre había esperado que apareciese en algún momento, durante el «ensayo del programa».

Y justo cuando Rachel pensaba que la situación no podía ser más extraña, escuchó la voz inconfundible de un indio shapra. Inmediatamente reconoció que se trataba del jefe Tariri y, un instante después, el propio Tariri entró en el escenario acompañado por su esposa Irina y su hijo pequeño. Iba vestido con toda la indumentaria de gala de un jefe indio: tocado de plumas, abalorios y pendientes de alas de escarabajo, y saludó a su «hermana» Rachel con un beso.

—Tiyotari [Rachel] nos escribía un papel todos los días —dijo el jefe Tariri—. Ella nos decía: «En la casa de Dios vivirán bien. Si obedecen a Jesús, estarán bien». Así que pensé en mi corazón: «ella nos dice la verdad», y empecé a amar a Jesús. ¿Qué otro hay como él? ¿Qué otra persona puede hacer las cosas que él hizo?

Tras la filmación y difusión del programa, que duró treinta minutos, todo el «reparto» se trasladó al hotel Hollywood Roosevelt, el mismo en el que se alojaban Rachel y Dayuma. Rachel se rió para sus adentros cuando entraron en el vestíbulo del hotel, ya que formaban un grupo de lo más pintoresco. Al ver que los huéspedes del hotel se quedaban mirando fijamente a Tariri, supuso que pensarían que llevaba algún tipo de disfraz para una película. Nadie hubiera podido sospechar que en realidad estaban contemplando a un jefe tribal que hacía poco que había dejado de cazar cabezas en la selva peruana.

Los dos días siguientes, los amigos y la familia de Rachel se alojaron con ella en el mismo hotel. Fueron dos de los mejores días de su vida. Rachel le dijo a todos que nunca había esperado que un grupo de personas tan queridas para ella fueran a reunirse en su presencia a este lado de la eternidad. Para que pudieran evitar las miradas curiosas del público y hablar con total libertad, el hotel tuvo la gentileza de servirles la comida en sus propias habitaciones. Y un misionero de Wycliffe en Los Ángeles, incluso se las arregló para que los confusos visitantes indígenas pudieran recibir raciones de pollo y arroz hervido.

Durante aquellos dos días el jefe Tariri y Dayuma intentaron comunicarse, pero no les resultó sencillo debido a la gran diferencia entre sus idiomas. Excepto por algunas frases simples que tradujeron los misioneros de Wycliffe presentes, la mayoría de la comunicación entre Tariri y Dayuma se realizó a través de sonrisas y gestos. A pesar de ello, el jefe Tariri pareció realmente contento con el encuentro.

—Tiyotari —le dijo a Rachel—, ha sido bueno conocer a uno de los aucas que Dios te ha enviado. He podido ver con mis ojos que ellos también necesitan el mismo mensaje que tú nos trajiste.

Rachel tardó varios días en recuperarse de la conmoción que le produjo verse convertida en la protagonista del programa Esta es tu vida. Pero necesitó aún más tiempo para hacerse a la idea de que el tío Cam y el personal de Wycliffe le habían organizado a ambas con antelación una agenda de todo un año de actividades que las llevarían a lo largo y ancho de Estados Unidos. Tanto ella como Dayuma hubieran preferido volver a Ecuador, pero, una vez más, Rachel se vio comprometida con la organización misionera que trabajaba.

Desde California, ambas se trasladaron hasta la Universidad de Oklahoma, donde se estaba celebrando otro Instituto Lingüístico de Verano. Al llegar allí, Dayuma se prestó servicialmente para que los lingüistas en formación la entrevistaran y pusieran a prueba con ella sus conocimientos recién adquiridos. Mientras tanto, Rachel aprovechó para recibir de manos de su mentor, Ken Pike, cierta ayuda en relación con algunos aspectos difíciles de la lengua huaorani. A veces, Rachel perdía la esperanza de que Dayuma lograra entender bien el mensaje del evangelio, pero con el tiempo fue detectando algunas señales alentadoras. Durante la estancia en Oklahoma, Rachel enseñó a Dayuma como dirigirle a Dios algunas palabras sencillas, pero ella parecía reticente a decir nada, así que le escribió una oración muy simple en huaorani y la leyó en voz alta. Al escucharla, Dayuma negó con la cabeza en señal de desaprobación, y dijo:

—Nosotros no hablamos así en nuestro idioma.

Rachel revisó el texto buscando los errores gramaticales a los que sin duda se refería Dayuma, pero no logró encontrar nada.

—¿En qué me he equivocado?

—No son las palabras que has dicho. Simplemente, en nuestro idioma, nosotros no hablamos con Dios —explicó Dayuma escuetamente.

Ahora lo entendía. Dayuma jamás había oído orar a nadie en huaorani, y creía que para poder hacerlo debía hablar en quechua o aprender inglés. A Rachel le llevó un tiempo lograr que Dayuma se sintiera cómoda orando en su lengua nativa.

El 15 de junio, ambas volaron hasta la ciudad de Nueva York para hablar en una campaña evangelística organizada por Billy Graham que se estaba celebrando en el Madison Square Garden. Cuando llegaron, dieciséis mil personas abarrotaban el interior del edificio y a Rachel le preocupó cómo reaccionaría Dayuma al verse delante de una multitud tan grande. Al fin y al cabo, hasta hacía bien poco Dayuma ni siquiera había sospechado que pudiera haber tanta gente en el resto del mundo.

Para su gran alivio, su amiga pareció tomarse con mucha calma la tarea de hablar ante tantas personas. Al principio se mostró algo tímida, pero

luego comenzó a compartir una de las historias bíblicas que Rachel le había contado: el episodio de
la resurrección de la hija de Jairo por parte de Jesús. Rachel tradujo al inglés la versión de la historia
que fue contando Dayuma, y le resultó maravilloso
ver a la multitud fascinada por la sencillez con la
que aquella mujer indígena les relataba lo sucedido. Cuando Dayuma terminó su relato mencionando
que los abuelos de la niña también se habían quedado «muy felices», la multitud comenzó a ovacionarla.
Más tarde, cuando se hizo un llamamiento para que
todo aquel que quisiera aceptar a Cristo pasara adelante para recibir oración, y cientos de personas se
dirigieron al escenario, Dayuma se quedó sorprendi-
dísima de que hubiera tanta gente que no siguiera
los «grabados de Dios» (la Biblia), en un país donde
estaban tan al alcance de la mano.

Durante su estancia en Manhattan con ocasión
de la campaña evangelística, Rachel se dio cuenta de
que había muchas cosas que escapaban a la com-
prensión de Dayuma. Los rascacielos o la Estatua
de la libertad no parecieron impresionarla. Sin embargo, los operarios que limpiaban los cristales del
Empire State Building la dejaron fascinada. ¿Cómo
habían logrado llegar allí? ¿Y por qué no se caían?

Desde Nueva York, ambas fueron a Filadelfia
a visitar a los padres de Rachel. Le encantó ver lo
bien que se llevaban su madre y Dayuma. A pesar
de la barrera del idioma, las dos parecían entender-
se bastante bien. Dayuma era perfectamente consciente de que la señora Saint era la madre de Nate,
el misionero asesinado. Más tarde le confesó a Rachel que había buscado en ella cualquier señal de
amargura por la muerte de su hijo, y que le había

dejado impresionada no encontrar ninguna. En ese momento, creyó por completo lo que tantas veces le había dicho Rachel: que su deseo por entrar en contacto con los huaorani no tenía nada que ver con vengar la muerte de su hermano Nate.

Mientras meditaba sobre la buena relación entre su madre y Dayuma, Rachel se dio cuenta de que esta apenas había conocido a personas de edad avanzada. En la selva, casi todos los adultos que conocía Dayuma habían muerto alanceados hacia la mitad de su vida. Rachel comprendió que conocer a personas ancianas que vivían bien y sin temor a la muerte había sido de mucho ánimo para su amiga huaorani.

Rachel disfrutó mucho del tiempo pasado en casa con sus padres, pero Dayuma y ella apenas podían salir del domicilio familiar. Tras la emisión del programa Esta es tu vida, ambas se hicieron bastante famosas y los extraños las paraban por la calle para conversar con ellas o pedirles un autógrafo. Pasados unos días, aquella atención constante se transformó en una carga muy pesada, así que todos decidieron que lo mejor era alquilar una cabaña y visitar durante un mes los bosques de coníferas de Pensilvania. La decisión demostró ser maravillosa. Por primera vez desde su llegada a Estados Unidos Rachel pudo relajarse. En cuanto a Dayuma, esta parecía sentirse más a gusto en medio de la naturaleza, aunque a veces le venían a la mente recuerdos traumáticos del pasado y se asustaba mucho.

Con el paso de las semanas, Rachel se dio cuenta de que Dayuma aún guardaba en su interior muchos temores antiguos. Al igual los demás huaorani, por ejemplo, creía que los mosquitos tenían espíritus malignos y que estos pasaban a las personas a través de las picaduras. Para Dayuma, el bosque estaba infestado de demonios que podían abalanzarse sobre una persona y chuparle la sangre. Aquello entristeció mucho a Rachel y la llevó a orar con más intensidad que nunca para que su amiga pudiera entender el poder de Dios y superar aquellos temores.

En septiembre, Rachel y Dayuma asistieron al encuentro bienal[1] de Wycliffe. Traductores de la Biblia que tuvo lugar en el pequeño pueblo de Sulphur Springs, Arkansas. Rachel tuvo allí la oportunidad de reencontrarse con muchos de los misioneros de Wycliffe que había conocido a lo largo de los años. La reunión transcurrió feliz, hasta que Dayuma contrajo la gripe asiática. Tuvo una fiebre altísima y le dolía cada músculo y hueso del cuerpo. Rachel se preocupó muchísimo, pues sabía que la gripe podía matar fácilmente a alguien de una tribu indígena, sin inmunidad frente a las enfermedades extranjeras.

Mientras oraba pidiendo dirección al Señor, se acordó del doctor Ken Altig, un médico de Wycliffe con el que había trabajado en Perú. Él se encontraba en ese momento de permiso en California y Rachel estaba segura de que era la persona adecuada para aconsejarle el mejor tratamiento para la enfermedad de Dayuma. Al fin logró localizarlo y, tras hablar con él por teléfono, siguió sus instrucciones al pie de la letra. Al cabo de unos pocos días, Dayuma comenzó a mostrar síntomas de mejoría. Pero su progreso era lento, y Rachel pasó muchas noches sentada al borde de su cama, persuadiéndola para que bebiera un poco de agua.

Ya estaban a principios de noviembre cuando Dayuma se encontró lo suficientemente recuperada como para salir de casa. Su primera salida al exterior

1 Bienal: Que sucede o se repite cada bienio o período de dos años.

se produjo con ocasión de un acontecimiento muy especial: estaba nevando. Dayuma quedó anonadada. Lo más frío que había conocido en la selva tropical había sido la neblina que subía de los ríos y se extendía por las riberas a primeras horas del día. Pero en aquel momento se vio rodeada de agua congelada que caía delicadamente del cielo.

—Me habría gustado que Sam estuviera aquí —le dijo a Rachel.

Ella sabía que Dayuma echaba muchísimo de menos a su hijo. Ambas habían hablado del tema y Rachel le había prometido hacer todo lo que pudiera para que Sam se uniera a ellas en Estados Unidos. Por supuesto, sabía que se trataba de algo muy difícil. Sam, como todos los huaorani y la mayoría de los demás indígenas que habitaban en la cuenca del Amazonas, carecía siquiera de una partida de nacimiento. Eso hacía que conseguirle un pasaporte fuera una tarea sumamente complicada, pero Rachel hizo todo lo que pudo por solventar la situación.

El 18 de noviembre de 1957, Rachel y Dayuma recibieron una noticia sorprendente. Sam Saint se la comunicó por teléfono a Rachel desde Nueva York. Le contó que Betty Elliot le había pedido que le comunicara que dos mujeres huaorani habían abandonado su tribu. Aunque Rachel quería conocer más detalles de lo sucedido, Sam no tenía más información, pero tranquilizó a su hermana asegurándole que Marj Saint, que por entonces estaba de permiso en California, la llamaría enseguida para darle algún dato más.

Tras aproximadamente una hora de espera, Rachel decidió tomar la iniciativa y localizó el paradero de Marj. Aunque en California todavía no había amanecido, a Marj no le importó contarle a Rachel todo lo que sabía, aunque no era mucho. Según ella, Betty y su hija Valerie se encontraban en una aldea quechua cuando una mujer de la tribu llevó hasta ellas a dos indias desnudas. Betty supo de inmediato que eran huaoranis, pues tenían perforados los lóbulos de las orejas con cilindros de madera de balsa y no hablaban ni una palabra de quechua. La mujer que las llevó hasta Betty le contó que una tercera persona, una niña, había salido también de la selva junto con ellas, pero se había internado de nuevo en la jungla cuando intentaron aproximarse a ella. Betty creía que una de las huaorani era la mujer mayor que aparecía en las fotografías recuperadas de la cámara fotográfica de Nate. Si tenía razón, entonces se trataba de Mintaka, la tía de Dayuma.

A Rachel le alegró mucho saber que más huaoranis habían decidido confiar en los forasteros, pero a Dayuma la noticia le dejó muy preocupada.

—Dile a tus amigos que lleven a las mujeres a un lugar seguro —dijo a Rachel—. Mi pueblo saldrá de la selva y los matará a todos.

La amenaza era seria y Rachel estaba segura de que Dayuma no exageraba, así que llamó a Marj otra vez y le pidió que transmitiera su advertencia al operador de radio de Shell Mera.

Una cosa sí alegró a Dayuma y fue la posibilidad de que la mujer que acompañaba a Mintaka fuera su madre, y que la niña que había huido se tratara de Gimari, su hermana pequeña.

A pesar de ello, Rachel no logró convencerla para que regresaran a Ecuador de inmediato. Dayuma estaba demasiado asustada como para enfrentarse con su pasado y tampoco había superado por completo la gripe. Así pues, Rachel decidió que lo más sabio era no presionarla, aunque se sintiera frustrada por la constatación de que las dos únicas personas que podían comunicarse con las indígenas huaoranis se encontraran a miles de kilómetros de ellas. Como no podían ir a verlas, sugirió a Dayuma que grabara una cinta de audio para enviarla a Ecuador y que las dos huaorani pudieran escucharla. A Dayuma le pareció una idea estupenda y no tardó en sentarse frente al micrófono, aunque se sentía un poco tensa.

—Hace mucho tiempo Moipa clavó una lanza a mi padre, y Umi, Aepi y yo huimos de la selva —comenzó diciendo Dayuma—. Mi padre se llamaba Tyaento, mi madre Akawo. Yo soy Dayuma, la hija de Tyaento y Akawo. Ahora vivo aquí, con alguien que es como de la familia. Vivo aquí, muy lejos, al otro lado del agua grande. Más adelante regresaré. ¿Quiénes son ustedes dos? No sé quienes son.

Dayuma prosiguió la grabación instando a las dos mujeres a confiar en Betty Elliot, «la mujer alta con el niño de pelo blanco», y a no huir de nuevo a la selva. También les preguntó en que ríos vivían y si su madre, su hermana y sus hermanos seguían vivos, y terminó diciendo:

—Hace mucho tiempo no vivíamos bien, no amábamos a Dios. Nuestro anciano abuelo habló y dijo que Dios había creado todas las cosas. Él creó a todos los hombres y todas las mujeres. Sí, ahora yo amo a Dios. Ahora yo hablo con Dios. Ahora vivo muy bien. Antes no vivía bien.

Rachel envió la cinta a Betty, a Ecuador, y esperó ansiosa su respuesta. Antes de que esta llegara pudo hablar con Marj de nuevo. Su llamada le confirmó lo acertado de la advertencia de Dayuma. Una partida huaorani había salido de la selva y raptado a la mujer quechua que había ofrecido refugio a las dos mujeres huaorani. A continuación, mataron a su marido clavándole veintidós lanzas. Antes de que se produjera el ataque, tras el aviso de Dayuma, las dos mujeres huaorani se había mudado a Shandia, donde ahora vivían con Betty.

Sorprendentemente, la noticia acerca de la muerte del hombre y el secuestro de la mujer quechuas tranquilizó a Dayuma.

—Ahora que mi pueblo ha capturado a una mujer en sustitución de las que se perdieron, la matanza se detendrá.

Un día, por fin, llegó a Sulphur Springs una cinta procedente de Ecuador. Llena de expectación, Rachel se apresuró a introducirla en el reproductor y apretó la tecla «Play». Dayuma se sentó muy quieta frente al aparato a la espera de escuchar las voces grabadas. La cinta la había grabado el doctor Tidmarsh encima de una antigua grabación de un concierto de piano, lo que hacía que en ocasiones fuera difícil entender lo que decían las voces. A pesar de ello, Dayuma permaneció absorta escuchando. Rachel también escuchó con atención, y aunque le costó mucho entender lo que se decía, pudo reconocer bastantes palabras en huaorani. No obstante, la voz de la cinta hablaba mucho más rápido que Dayuma y tenía un tono mucho más agudo y nasal. En varias ocasiones, Rachel quiso detener la cinta para volver a reproducir un fragmento del mensaje, pero Dayuma no se lo permitió. Estaba ansiosa por escuchar todo su contenido hasta el final.

Finalmente, la grabación llegó a su fin y Dayuma compartió con Rachel todo lo que decía la cinta.

La mujer que hablaba se había identificado como Maengamo, la esposa de Gikita, el tío de Dayuma. La otra mujer huída, en efecto, era Mintaka, la tía de Dayuma. Pero la niña que había huido de nuevo a la selva no era tal niña, sino uno de los hermanos menores de Maengamo.

Maengamo hablaba mucho sobre el ciclo interminable de asesinatos que se estaba produciendo en la tribu, y sobre las numerosas atrocidades cometidas por Moipa. También relataba que un día lo habían acorralado y alanceado, pero no dejaba claro si lo habían matado o no.

Rachel pensaba que la llegada de noticias alegraría a Dayuma, pero en lugar de ello su amiga entró en una espiral de depresión. A medida que hablaba de su pueblo, fueron resurgiendo en ella los viejos odios y temores. Una de las cosas que más le disgustaba era pensar que Moipa, el asesino de su padre, quizá estuviera vivo todavía. Además, que Maengamo no hubiera dicho nada sobre si su madre, Akawo, seguía viva la preocupó enormemente. Rachel intentó animarla lo mejor que pudo y oro por ella y con ella, pero Dayuma siguió sintiéndose deprimida.

Cuando una nueva cinta llegó de Ecuador, Rachel la introdujo nerviosa en el reproductor con la esperanza de que su contenido no disgustara tanto a Dayuma como la cinta anterior. Una vez más, Dayuma se sentó absorta frente al aparato y escuchó. Una vez más, fue Maengamo la que más habló y, tal y como había sucedido en la cinta anterior, empezó haciendo un recuento de los numerosos asesinatos acaecidos entre los huaorani en los últimos años. Entonces dijo algo que hizo que Dayuma soltase un grito de gozo. Moipa estaba muerto, lo había alanceado una turba enfurecida hacía ya varios años.

Sin embargo, el gozo de Dayuma no tardó en desaparecer cuando escuchó que su hermano mayor, Wawae, también había sido asesinado.

—Siempre me traía carne de la selva y yo lo quería mucho —dijo Dayuma a Rachel.

Siempre que no hubiera muerto nadie más, los únicos miembros de la familia de Dayuma que seguían vivos eran sus hermanas Gimari y Oba, y su hermano Nampa.

La noticia de la muerte de Wawae dejó muy triste a Dayuma, pero después su tristeza se transformó en ira. Rachel quería llevarla con ella a la selva para que predicaran juntas el evangelio a su pueblo, pero Dayuma le dijo que debido a lo ocurrido con su hermano ya no se sentía dispuesta a ello.

—No volveré nunca —le dijo obstinadamente.

Esta actitud alarmó a Rachel. Era evidente que su corazón se había llenado de amargura, pero sin la ayuda de Dayuma era difícil imaginar cómo podría llegar a entrar en contacto algún día con el pueblo huaorani sin correr un gran peligro. Por lo tanto, Rachel se puso a orar y a meditar sobre el asunto. Finalmente, un día le dijo:

—Dayuma, ¿qué pensarías si Jesucristo hubiera dicho: «no iré a esas horribles personas de la tierra. Son demasiado malvadas y pecadoras y no voy a molestarme en ir a ellas. Me quedaré en el cielo con mi Santo Padre. Aquí estoy mucho mejor que abajo en la tierra, con esas personas malvadas»? ¿Qué habría sido de nosotros si el Señor Jesús hubiera dicho eso?

Capítulo 11

Nimu

La pregunta de Rachel no recibió una respuesta inmediata, pero ella tampoco la esperaba. Era consciente de que Dayuma iba a necesitar algún tiempo para pensar en la cuestión que le había planteado. Y en efecto, varios días después, Dayuma le dijo a Rachel:

—¿Cuándo vamos a regresar a mi tierra? Quiero ir a ver a mi pueblo y hablarle de Dios.

Rachel se sintió encantada y aliviada. Había orado mucho para que Dayuma cambiara de parecer y se desprendiera de la amargura que sentía al pensar en Moipa y otros miembros de su tribu. También puso delante de Dios otro asunto que sabía que contribuiría a levantar el ánimo de Dayuma: la situación de su hijo Sam. Rachel había hecho todo lo posible para lograr que Sam pudiera viajar a Estados Unidos, pero sus esfuerzos no habían dado ningún fruto. Por eso, cuando Larry Montgomery visitó Sulphur Springs, a principios de marzo de 1958,

Rachel pensó que quizá él pudiera ser el principio de la respuesta a sus oraciones. Larry había asumido un papel de liderazgo tras los asesinatos de Nate y los otros cuatro misioneros, y Rachel creía que podía ser de gran ayuda en la tarea de traer a Sam a Estados Unidos. Por lo tanto, se dirigió a él para explicarle cuál era la situación respecto a Sam, y le preguntó si podía hacer algo para ayudar a resolverla. Tal y como había hecho en Shell Mera, Larry comenzó de inmediato a trabajar en encontrar una solución. Dos semanas después, Larry había logrado superar toda la burocracia y Sam pudo reunirse sin más demora con su madre y Rachel en Sulphur Springs.

Dayuma se sintió mucho más tranquila al tener, por fin, a su hijo junto a ella, y el niño, que por entonces tenía seis años, se adaptó extraordinariamente bien a la vida en Estados Unidos. Al cabo de unas pocas semanas, incluso era capaz de hacerse entender mediante unas sencillas frases en inglés.

Mientras tanto, Rachel y Dayuma siguieron trabajando en el idioma huaorani. Rachel había llegado a una etapa en su conocimiento de la lengua en la que se sentía capacitada para intentar la traducción a esa lengua de diferentes episodios del Nuevo Testamento. Uno de los pasajes en los que estuvo trabajando fue el del bautismo del eunuco etíope, que se relata en Hechos 8. Cuando terminó, lo mejor que pudo, de traducirlo, se lo leyó a Dayuma. Tras escucharlo, esta permaneció sentada y meditando durante algunos minutos, después repitió en huaorani la pregunta hecha por el etíope:

—¿Qué impide que yo sea bautizada? —y a continuación añadió también la respuesta—. Si crees de todo corazón, bien puedes.

Rachel siguió traduciendo más historias del
Nuevo Testamento al huaorani y, dos semanas después de haber escuchado la historia del bautismo
del eunuco etíope, Dayuma se acercó a Rachel y le
preguntó:

—¿Hay algún buen hombre de Dios que pueda
meterme a mí en el agua?

Inmediatamente, Rachel pensó en el doctor Edman, el presidente del Wheaton College, en Illinois,
quien llevaba ya mucho tiempo interesado en los
huaorani. El doctor Edman había pasado las navidades anteriores en la selva de Ecuador y había escrito muchos artículos y reportajes de noticias sobre
la tribu de Dayuma. Rachel sabía que uno de sus
hijos vivía cerca de Sulphur Springs, así que escribió al doctor Edman preguntándole si tenía previsto
visitar a su hijo próximamente y, si su respuesta era
positiva, si estaría dispuesto a ir donde ellas vivían y
bautizar a Dayuma.

La respuesta del doctor Edman sorprendió a Rachel. Se mostró encantado de que le hubiera pedido
que bautizara a Dayuma, pero veía dicho bautismo
como una oportunidad para promocionar la causa
de la evangelización de los huaorani. Por ello, propuso que ambas volaran hasta Illinois y que Dayuma se
bautizara en la Iglesia Evangélica Libre de Wheaton,
dados los numerosos vínculos con esa institución
con cuatro de los cinco misioneros asesinados. Jim
Elliot, Ed McCully y Nate Saint habían sido alumnos
del Wheaton College, y el pastor de la iglesia era el
antiguo pastor de la iglesia de Marj Saint. El doctor Edman añadió que, si Rachel estaba de acuerdo,
lo dispondría todo para que un acaudalado hombre
de negocios cristiano, el señor R.G. LeTourneau,

trasladara a Rachel, Dayuma y Sam hasta Wheaton, Illinois, a bordo de su avión privado.

Una vez más, Rachel estaba indecisa. Aborrecía la idea de atraer más publicidad, más atención, pero tenía que admitir que al doctor Edman no le faltaba razón. Que la primera cristiana huaorani fuera bautizada en el mismo lugar donde tres de los misioneros mártires habían recibido su educación era como cerrar un círculo. Así que, finalmente, optó por aceptar la propuesta.

Los detalles de viaje a Wheaton no tardaron en solucionarse. Además, era evidente que hacía ya mucho que había llegado el momento de que regresaran a Oriente, así que Rachel reservó también vuelos de Illinois a Nueva York, para ir a visitar a su hermano Sam, y otros pasajes para viajar, a continuación, desde Nueva York de regreso a Ecuador.

El 14 de abril de 1958, Rachel, Dayuma y Sam fueron recibidos en Wheaton por un montón de personas comprometidas con la causa de llevar el evangelio a los huaorani. Entre los testigos del bautismo estuvieron los padres de Rachel, la madre de Ed McCully y los padres de Jim Elliot, que viajaron desde California para la ocasión. La Universidad de Wheaton emitió también notas de prensa con el anuncio del bautismo y como, tras su paso por el programa Esta es tu vida, Rachel y Dayuma seguían atrayendo el interés del público, los periódicos de todo el país recogieron la noticia y se la transmitieron a millones de personas. Una vez más, ambas se hicieron muy populares, a pesar de que Rachel hizo todo lo que pudo por evitarlo.

Tras el bautismo, los tres volaron de Chicago a Nueva York, donde fueron recibidos por Sam Saint y el fotógrafo Cornell Capa. Cornell le contó a Rachel que la editorial *Harper and Row* estaba deseando publicar una biografía suya, pero ella se negó a considerar siquiera la idea. Lo último que quería era atraer aún más la atención.

Tras la escala en Nueva York, a finales de mayo de 1958, Rachel, Dayuma y Sam tomaron otro avión y volaron hacia el sur. Rachel observó que la emoción de Dayuma iba en aumento a medida que se acercaban a Ecuador, hasta transformarse lentamente en un estado de gran nerviosismo ante la perspectiva de reencontrarse con su familia. En un determinado momento del viaje, Dayuma, se giró hacia Rachel y le dijo:

—A partir de ahora te llamaré Nimu. Significa estrella, y era el nombre de mi hermana pequeña, la que fue macheteada hasta la muerte por Moipa.

Rachel asintió, a pesar de no saber a ciencia cierta cuál era el propósito de que le otorgara un nuevo nombre. Dayuma prosiguió:

—Eso te convertirá en mi hermana. Y al serlo, serás también pariente de ellos. No van a matar a lanzadas a uno de sus parientes.

Rachel sonrió de modo tranquilizador. Agradecía mucho que Dayuma se preocupara por su seguridad.

—Nimu es un nombre muy bonito —le dijo a Dayuma.

—Y nunca debes preguntar a nuestros parientes qué hombres mataron a tu hermano —añadió Dayuma—. Si te oyen decirlo pensarán que quieres vengarte, y entonces tendrán que matarte primero ellos a ti.

Rachel asintió de nuevo. Solo podía confiar en que Dios la llevara hasta los huaorani en el momento oportuno, ya que todo el camino se encontraba lleno de trampas, y todas ellas parecían acabar con ella ensartada en la punta de una lanza huaorani.

A su llegada a Ecuador, en lugar de dirigirse directamente a la Hacienda San Carlos, Rachel lo arregló todo para que viajaran primero a Limoncocha, donde estaba situada la base Dawson Trotman Memorial de Wycliffe, el nuevo centro de operaciones para Ecuador de la misión. Limoncocha se encontraba a cincuenta kilómetros (treinta millas) al norte del río Napo, cerca de la frontera con el territorio huaorani.

Rachel, Dayuma y Sam se instalaron en su nuevo hogar y aguardaron a la llegada desde Shandia de Mintaka y Maengamo, que iban a viajar hasta allí acompañadas por Betty y Valerie Elliot. Mientras esperaban, Rachel observó que la depresión de Dayuma aumentaba de día en día, hasta que, finalmente, preguntó:

—¿Y si traen malas noticias?

Rachel no encontró la forma de tranquilizarla, pero la animó a rogar al Señor que le diera paz.

Por fin, un día a media mañana, la radio cobró vida y les llegó el mensaje de que la avioneta que llevaba a Mintaka, Maengamo, Betty y Valerie había despegado desde Shandia. Dayuma corrió a la pista de aterrizaje y permaneció allí, impaciente, rastreando el cielo con la mirada en busca de cualquier señal del aparato. Algunos minutos más tarde Rachel se unió a ella y ambas esperaron al borde de la pista. El sonido de la avioneta les llegó antes de que pudieran verla. Y con el telón de fondo del zumbido del motor que sobrevolaba la selva, Rachel puso su mano sobre el hombro de Dayuma tratando de infundirle calma y aliento.

Poco después, las ruedas de la avioneta rebotaban a toda velocidad sobre la pista. Mientras el aparato maniobraba para detenerse delante de ellas, pudieron ver los rostros morenos de dos mujeres huaorani presionados con emoción contra las ventanillas. Tan pronto como se detuvieron las hélices, la puerta de la avioneta se abrió de par en par y Mintaka y Maengamo se abalanzaron con alegría sobre Dayuma.

Sin dejar de hablar a la vez ni un instante, las tres mujeres se abrazaron emocionadas. Luego permanecieron un rato a la sombra de una de las alas de la avioneta mientras la conversación proseguía apasionadamente, hasta que Rachel sugirió que se trasladaran al lugar donde iban a alojarse.

Mintaka, Maengamo y Dayuma se sentaron a la sombra de una ceiba[1] y pasaron toda la tarde charlando. Mientras tanto, Rachel observaba a distancia, maravillada del entusiasmo y vehemencia con la que conversaban. Cuando empezó a anochecer, las tres mujeres encendieron un fuego y tostaron unas raíces de yuca para cenar.

Pasó el tiempo y un espeso manto de oscuridad cubrió la región de Oriente, pero las tres mujeres seguían hablando. Finalmente, pasada la medianoche, la conversación fue decayendo y Dayuma se dirigió al fin a la hamaca que colgaba en la cabaña que compartía con Rachel.

—Han hablado durante bastante tiempo —le comentó Rachel—. ¿Qué te han contado Mintaka y Maengamo acerca de la tribu?

---

1   Ceiba: Árbol americano bombacáceo, de 15 a 30 m de altura, de tronco grueso, ramas rojizas, flores rojastintóreas y frutos de 10 a 30 cm de longitud, que contienen seis semillas envueltas en una especie de algodón.

—Me he enterado de muchas cosas tristes. Ha habido muchas matanzas en mi pueblo. Cuando asesinan a alguien, la muerte de esa persona debe ser vengada, con lo que las matanzas nunca se detienen —respondió Dayuma, soltando un suspiro—. También estoy triste porque mi hermano Nampa está muerto. Pero no lo mató una lanza, sino que una anaconda lo atacó en la selva. La gran serpiente lo estrechó con fuerza dejándolo malherido. Aunque pudo matar a la serpiente y escapar de su abrazo, quedó demasiado magullado. Agonizó durante un mes, con muchos dolores, y luego se murió. Estoy triste porque yo conozco a Dios, pero él no lo conocía.

Rachel se acercó a Dayuma y la tomó del brazo como gesto de consuelo.

—Pero también he recibido buenas noticias, Rachel, y eso me deja feliz —añadió Dayuma—. ¡Mi madre, Akawo, no ha muerto, sino que está viva! Por lo visto no ha parado de buscarme durante estos doce años desde que me fui. Mi pueblo le decía: «Déjalo ya. Dayuma está muerta. Se fue al exterior y lo más seguro es que se la hayan comido los cowadi. Eso es lo que ha pasado». Pero Akawo no les creyó. Siguió convencida de que yo estaba viva. Envió a mi hermano Wawae a buscarme, pero este no pudo encontrarme. Después quiso ir a buscarme al exterior ella misma, pero mi tío no la dejó marchar: «Los cowadi te comerán. No debes ir», le dijo. Pero ahora Akawo ha enviado fuera a Mintaka y Maengamo para que me encuentren, y ellas lo han logrado.

A medida que escuchaba las palabras de Dayuma, a Rachel se le iban llenando de agua los ojos. Era consciente de la gran angustia que su amiga había sufrido a lo largo de los años, siempre preguntándose si su madre seguiría viva. Por fin había salido de dudas.

Cuando Rachel se levantó de su hamaca a la mañana siguiente, Dayuma ya estaba fuera, sentada alrededor de una fogata junto a Mintaka y Maengamo, y sumergida en una animada conversación.

Rachel se acercó para saber de qué estaban hablando y lo que escuchó la dejó sorprendida y encantada: Dayuma les estaba hablando de Dios.

—¿Se acuerdan del Dios del que solía hablarnos nuestro abuelo? Pues bien, ahora yo lo conozco —dijo Dayuma. A continuación compartió con ellas algunas de las historias bíblicas que Rachel le había contado.

Las tres mujeres pasaron varios días conversando y, a finales de agosto, hicieron planes para regresar a la selva, ya que Mintaka y Maengamo habían prometido a Akawo que regresarían cuando los kapok, es decir, las ceibas maduraran.

Aquel giro de los acontecimientos supuso una gran noticia para Rachel, quien les preguntó acerca de la posibilidad de que tanto ella como Betty Elliot, que había progresado mucho en su conocimiento de la lengua huaorani, pudieran acompañarlas. Sin embargo, Dayuma rechazó tal posibilidad.

—Es demasiado peligroso. Yo misma no sé lo que será de mí. Esperen un poco, regresaremos por ustedes —respondió a Rachel. Incluso pidió a la misionera que cuidase a Sam, su hijo, ya que también pensaba que podía ser muy peligroso que fuera con ella.

El 2 de septiembre de 1958, Dayuma, Mintaka y Maengamo partieron hacia territorio huaorani. Tras orar por su seguridad y el éxito de su viaje, Rachel,

Sam, Betty y su hija Valerie, se quedaron al borde del camino y vieron a las tres mujeres huaorani partir para adentrarse en la jungla. Poco después se perdían de vista tras el denso follaje, desapareciendo como tragadas por un gran monstruo. Su marcha se produjo coincidiendo con la luna llena, y Dayuma prometió a Rachel que estarían de regreso para la luna siguiente.

—Espero que tengan éxito en su misión, y ruego a Dios por ello y porque regresen lo más pronto posible a nuestro lado —susurró Rachel a Betty mientras las veían alejarse.

Tras la partida de las mujeres, Betty y Valerie regresaron a Shandia, y Rachel se fue junto con Sam a Lago Agria, a visitar a unos amigos de Wycliffe.

Algunos días después de que Dayuma, Mintaka y Maengamo hubieran regresado a la selva, una avioneta del MAF con Betty a bordo sobrevoló el territorio huaorani para ver si podían localizar sobre el terreno la ubicación de las mujeres.

—No vimos ni rastro de ellas —informó Betty a Rachel a través de la radio.

—Tendremos que seguir orando y confiar en Dios —la respondió Rachel.

—Volveré a sobrevolar el territorio de los huaorani dentro de una semana e intentaré de nuevo localizarlas —dijo Betty.

Rachel pasó la semana siguiente dedicada a la traducción al huaorani de varias historias de la vida y a intentar entretener a Sam, pero no conseguía disimular su ansiedad. Finalmente, una tarde, cerca ya del anochecer, la radio comenzó a emitir y Rachel corrió a escuchar las noticias que le transmitía Betty. Esta había sobrevolado nuevamente el territorio huaorani, pero, desafortunadamente, no había logrado ver a ninguna de las tres indígenas, ni tampoco a ningún otro miembro de su tribu.

Cuando terminó de hablar por radio con Betty, Rachel se sentó en el exterior, bajo una palmera, y contempló cómo el sol iba transformando en almohadillas de oro en cada una de las nubes que flotaban sobre el cielo de Oriente. Sin embargo, apenas prestó atención a la puesta de sol. Sus pensamientos se encontraban lejos, en la selva, en territorio huaorani, mientras se preguntaba qué le habría ocurrido a Dayuma. ¿Seguiría viva o habría corrido la misma suerte que otros miembros de la tribu, que habían sido alanceados hasta la muerte? A Rachel le habría gustado conocer cómo se encontraba Dayuma, pero era imposible, así que solo le quedaba esperar, orar y mantener la confianza.

Capítulo 12

La visión se hace realidad

Era media mañana del 25 de septiembre de 1958 cuando la radio de Lago Agria comenzó a sonar. Rachel se acercó corriendo a la emisora a tiempo de oír la voz de Betty llamándola desde Arajuno:

—Adelante, Rachel. Cambio.

—Aquí estoy, Betty. Dime. Cambio —contestó Rachel por el micrófono.

—Tengo noticias maravillosas —dijo Betty emocionada—. Dayuma ha salido de la selva con Mintaka, Maengamo, otra mujer y un grupito de chicas y chicos. Nos han invitado a mí y a Valerie a ir a vivir con ellos. Cambio.

Rachel se derrumbó sobre el asiento del operador de radio.

—¡Gracias a Dios! ¡Están vivas! —respondió—. ¿Sabes si la otra mujer es la madre de Dayuma? Cambio.

—Creo que no —contestó Betty—. Pero en este momento todo es muy confuso. Dayuma quiere hablar contigo. ¿Cuándo podrías venir? Cambio.

—¡Ahora mismo hago el equipaje! Cambio y corto.

Rachel no pudo contener la risa. Sentía un enorme gozo al ver que las cosas parecían salir bien, y estaba maravillada de que tantos huaoranis hubieran confiado en Dayuma, hasta el punto de arriesgarse a entrar en contacto con los forasteros.

Tan pronto como terminaron de hablar por radio, Rachel llamó a Sam, le dio la buena noticia y empezaron a hacer el equipaje.

Poco después del almuerzo, una avioneta de Wycliffe aterrizó para recogerlos y llevarlos a Arajuno, donde, con gran gozo, se reencontraron con Dayuma. Estuvieron toda la noche charlando. Rachel se sintió particularmente aliviada al saber que Gikita, el tío de Dayuma, había accedido a liberar a la viuda quechua que había sido capturada. De camino a Arajuno, el grupo había escoltado a la mujer hasta fuera de la selva y la había llevado al poblado donde vivía.

El 3 de octubre, Rachel escribió lo siguiente a sus padres:

Probablemente ya hayan recibido la noticia de que el martes pasado llegaron a Arajuno Dayuma, Mintaka y Maengamo, acompañadas de una de las esposas de Naenkiwi y su bebé, tres niñas y dos niños. Dayuma los guiaba a todos cantando «Jesús me ama, lo sé» ¡en inglés! Cuando yo llegué allí, encontré a Dayuma totalmente entusiasmada y me llevó algún tiempo hacerme un cuadro preciso de la situación. Por lo visto había vuelto con el encargo de invitarnos a Betty y a mí a regresar con ella, y ya había dado instrucciones para que nos construyeran un lugar donde alojarnos... Esta misma noche he podido averiguar al fin lo que ocurrió tras su regreso.

Rachel dejó por un momento el bolígrafo sobre la mesa y permaneció pensativa. Resultaba casi imposible poner por escrito todas las cosas que Dayuma le había contado sobre su viaje de regreso al territorio de su pueblo. Dayuma le había contado que el trayecto había sido largo y difícil, ya que había perdido la costumbre de abrirse camino a través de la densidad de la jungla, trepar por encima de los troncos caídos y dejarse caer por las laderas embarradas. Cuando al fin llegaron a la ribera del río Tiwaeno, Dayuma se encontraba exhausta. Maengamo se ofreció a continuar el camino, encontrar a la madre de Dayuma y llevarla hasta la ribera del río. Durante dos tensos días, Dayuma y Mintaka esperaron el regreso de Maengamo, hasta que, justo al anochecer del segundo día, Dayuma pudo escuchar la llamada inconfundible de su madre. Madre e hija se fundieron en un abrazo desbordante de emoción. A continuación, con una risita nerviosa, Akawo palpó la ropa de Dayuma y comentó lo mucho que había crecido.

Dayuma explicó a Rachel que, al caer la noche, llegaron otros dos miembros más de su familia extensa. Y durante los siguientes días, más de cincuenta adultos y niños de la parentela de Dayuma se fueron reuniendo en un improvisado campamento a orillas del río Tiwaeno. A todo el mundo le extrañó que Dayuma hubiera recibido un trato tan bueno de manos de los forasteros y todos tenían muchas preguntas que hacerle. ¿Por qué los cowadi no la

habían matado y se la habían comido? ¿Qué otras
cosas comían? ¿Cómo se hacían las abejas de madera (avionetas)? ¿Era verdad que Dayuma había estado al otro lado de una gran agua, más ancha que
el río Curaray?

Dayuma dedicó las siguientes noches a describir
lo mejor que pudo sus experiencias a sus parientes,
aunque la lengua huaorani carecía de palabras que
describieran muchas de las cosas de las que les hablaba. Nadie había visto nunca un automóvil ni ningún otro vehículo mecánico, a parte de la avioneta
que pasaba sobre sus cabezas, y ni siquiera habían
imaginado que tales cosas pudieran existir. Dayuma
les contó que había muchísimos extraños, y que vivían en grupos muy grandes, tan grandes que no se
sabían los nombres los unos de los otros. También
que no caminaban por los senderos, sino que, en lugar de ello, se sentaban en «abejas de madera que
van por suelo» y estas avanzaban en grandes grupos,
todas en la misma dirección. También les contó que
a los forasteros les encantaba «tallar la madera» (escribir en un papel) y que Rachel pasaba muchas horas cada día haciendo precisamente eso. También les
explicó que Rachel se dedicaba a eso porque quería
tallar en madera las palabras de Dios, de manera que
los huaorani pudieran verlas siempre que quisieran.
La idea de que Dios quisiera darles grabados en madera sorprendió mucho a la familia de Dayuma, que
la bombardeó de preguntas. Ella respondió a sus dudas lo mejor que pudo, y luego les planteó ella misma
una cuestión: ¿estaría su familia dispuesta a recibir
bien a Rachel y Betty si las llevaba a la selva a encontrarse con ellos? Tras garantizarles que Rachel y
Betty eran, sin la menor duda, «forasteros buenos»,

su familia le aseguró a su vez que ambas mujeres estarían a salvo si las llevaba a la selva con ella.

A Rachel y a Betty les llevó diez días reunir todas las cosas que iban a necesitar para adentrarse en la selva e instalarse allí. Aunque habían hecho planes para alimentarse siguiendo la dieta de la jungla, consistente en yuca, carne de mono, bananas y diferentes raíces, también llevaron consigo té y café. Betty se aprovisionó además de una gran cantidad de leche en polvo para Valerie, así como de cuadernos de notas, una cámara fotográfica y varios rollos de película. Los objetos más grandes que Rachel llevó consigo fueron una máquina de escribir portátil y un equipo de radio, que en adelante sería su único medio de comunicarse con el mundo exterior. También lo dispusieron todo para que Sam fuera admitido en un colegio interno de Quito, cuyo costo fue asumido por la Sociedad Bíblica Misionera.

El lunes 6 de octubre de 1958, un grupo de dieciocho personas partieron de Arajuno en dirección a territorio huaorani. Lo formaban Rachel, Betty y Valerie, Dayuma, Mintaka y Maengamo, los otros siete huaoranis que habían salido de la selva con ellos, y cinco hombres de etnia quechua que hacían de porteadores. Uno de los quechuas tenía como misión llevar a Valerie (que por entonces tenía tres años) en un cabestrillo[1] atado a su espalda.

Los huaoranis y los quechuas tenían experiencia en moverse con rapidez a través de la jungla y sobre terreno abrupto, mucha más experiencia que Rachel y Betty, así que ambas tuvieron que realizar gran parte del trayecto hasta territorio huaorani a bordo de una canoa de madera, mientras los demás

---

1 Cabestrillo: Banda o sujeción pendiente del cuello o del hombro para sostener algo.

avanzaban por la ribera del río. Sin embargo, por muy rápido que la corriente empujara su canoa, los huaoranis no parecían tener problemas para acompañar el ritmo de las misioneras. La vegetación que bordeaba el río era tan espesa, frondosa e intrincada[2] que a veces los huaoranis y los quechuas tenían que hacer una pausa para abrirse un sendero con sus machetes. Más allá de la franja de vegetación que cubría las riberas, se alzaban hacia el cielo árboles inmensos que lo cubrían todo como con un dosel[3] de tal grosura que bloqueaba los rayos de sol, dejando a la selva sumida en una penumbra casi perpetua. El grupo avanzaba por selva virgen, sin caminos ni asentamientos. La temible reputación de los huaorani había hecho que muy pocos extranjeros se aventuraran a pasar jamás por aquella zona. Rachel quedó maravillada de la abundante vida salvaje que poblaba aquella floresta. Monos y pájaros bailaban sobre las copas de los árboles, aullando y piándose entre sí, y animales de mayor tamaño, como los tapires[4] o los jaguares, bajaban hasta la orilla del río para beber agua. Por todas partes, las mariposas sobrevolaban las aguas del río, con sus alas brillantemente decoradas resplandeciendo bajo el caliente sol tropical.

Tras dos días de agotador viaje, el grupo llegó al río Tiwaeno, un afluente del Curaray, y comenzó a ascender su curso. Finalmente, llegaron a un lugar

---

2   Intricada: Enredado, complicado, confuso.
3   Dosel: Mueble que a cierta altura cubre o resguarda un altar, sitial, lecho, etc., adelantándose en pabellón horizontal y cayendo por detrás a modo de colgadura.
4   Tapires: Mamífero de Asia y América del Sur, del orden de los perisodáctilos, del tamaño de un jabalí, con cuatro dedos en las patas anteriores y tres en las posteriores, y la nariz prolongada en forma de pequeña trompa.

donde la canoa ya no podía continuar, y Rachel y Betty tuvieron que abandonarla en un banco arenoso del río y proseguir la marcha a pie. A continuación se encontraron con una ladera muy escarpada, la cual ascendieron animadas por las palabras de Dayuma, quien les dijo que al otro lado se encontraba el asentamiento de su familia. La subida no resultó nada fácil, el sendero era estrecho y resbaladizo, y Rachel sintió un gran alivio cuando al fin llegaron a la cima. Sin embargo, descender por el otro lado resultó aun más difícil que subir hasta la cumbre. La pendiente era más pronunciada y el camino se encontraba atravesado por grandes raíces de árboles. Mientras los huaorani parecían deslizarse sin esfuerzo por encima de las raíces, Rachel y Betty tenían que trepar torpemente sobre ellas, procurando cuando perdían el equilibrio no agarrar las lianas que colgaban de los árboles que se alzaban sobre ellas, ya que estas eran el escondite de numerosas especies de serpientes expertas en camuflarse.

Por fin, Dayuma se detuvo en un lugar y señaló hacia un claro situado más abajo, salpicado de chozas con techos de paja. Allí se encontraban sus parientes esperando la llegada del grupo. Cuando ya estaban cerca del claro, un hombre y dos mujeres desnudos emergieron de una de las chozas y salieron a recibirlos. Rachel sintió que se le aceleraba el corazón al ver a aquellos tres huaoranis esperando ansiosos su llegada. La escena se parecía mucho a la visión que había tenido veintisiete años antes, en la cubierta del *Aquitania*. En ella había visto a un grupo de nativos en la selva haciéndole señas para que se acercara a ellos. Ahora estaba allí, viendo como su visión se hacía realidad. Era tan emocionante que le costaba asimilarlo.

De repente, Dayuma dejó escapar un aullido de júbilo.

—¡Esta es Nimu! —dijo tomando a Rachel de la mano y tirando de ella en dirección a los tres huaoranis desnudos.

Los tres indígenas resultaron ser Kimo, el tío de Dayuma; Dawa, su esposa; y Gimari, la hermana menor de Dayuma.

—¿Dónde están Akawo y los demás? —preguntó Dayuma. Rachel pudo sentir una nota de pánico en su voz. No quería ni pensar en que alguien los hubiera atacado y exterminado, justo ahora que estaban a punto de abrirse al mundo exterior.

—Han ido río abajo a buscar comida —explicó Kimo—. Estarán de vuelta mañana o pasado, yo me quedé aquí para dar la bienvenida a los forasteros que iban a venir.

Antes de salir de Arajuno, Dayuma le hizo una confidencia a Rachel: los hombres que habían matado a Nate y a sus otros cuatro hermanos pertenecían a su parentela, y Kimo había sido uno de esos hombres. Rachel se encontraba cara a cara con un hombre que quizá era el que había atravesado con su lanza a su hermano hasta matarlo. Sin embargo, sorprendentemente, al mirarlo a los ojos no sintió odio hacia él, sino compasión. Comprendió que Kimo había obrado así por pura ignorancia. Estaba atrapado en un estilo de vida que glorificaba la violencia sin sentido. Con la ayuda de Dios, la intención de Rachel era acabar con ese ciclo sin fin de odio y asesinatos, gracias al poder transformador del evangelio.

Al caer la noche, todo el mundo se reunió alrededor de un fuego y los porteadores comenzaron a cantar himnos en quechua. Los parientes de Dayuma se sentaron absortos ante la visión de cinco hombres cantando al unísono. Rachel comprendió que seguramente era la primera vez que escuchaban una lengua distinta al huaorani, o que oían a alguien entonar una melodía.

Cuando terminaron de cantar, los quechuas anunciaron que se disponían a orar. El hombre que había cargado a su espalda a Valerie durante todo el trayecto se levantó y dijo:

—Gracias por traernos a salvo hasta estos nuevos amigos. Enséñanos a vivir juntos como hermanos.

Aquella noche, mientras charlaban hasta tarde, Dayuma le contó a Rachel que durante su ausencia una de las mujeres de la tribu, Mima, había muerto de un resfriado. Era la primera vez que un huaorani tenía un resfriado, por lo que Rachel comprendió que seguramente Dayuma y las otras mujeres habrían llevado el virus a la tribu. Eso era algo que Rachel había temido y esperaba que el contacto de los huaoranis con el exterior no terminara produciendo un montón de muertes, ya que los huaoranis no estaban inmunizados contra las enfermedades del exterior.

A medida que las brasas del fuego se fueron apagando, todo el mundo se preparó para dormir. Como muchos de los miembros de la tribu se encontraban río abajo, había espacio de sobra para todos. Rachel y Dayuma colgaron sus hamacas en la choza de Kimo, el tío de Dayuma, junto a Dawa, Gimari y varios otros. Betty durmió en una choza distinta, con Valerie, y los cinco hombres quechuas encontraron hamacas libres en otras chozas vacías y se instalaron en ellas para pasar la noche.

Rachel yacía en su hamaca escuchando los sonidos de la noche en calma. Por encima de la suave respiración de la docena de personas que dormían en la choza podía escuchar el cricrí de los grillos, así como el aullido de los monos que gritaban a lo lejos. En su mente repasó una vez más los increíbles acontecimientos de aquel día, y trató de contar el tiempo transcurrido desde que Nate y sus cuatro compañeros habían sido asesinados. No tardó en descubrir que habían pasado exactamente treinta y tres meses, ¡y cuantas cosas habían sucedido durante ese tiempo!

Dayuma se había convertido y se había bautizado en Wheaton, Illinois. Además, como si eso no fuera suficientemente insólito, Dayuma había conocido a Billy Graham y tenido la oportunidad de hablar a más de dieciséis mil personas durante una de sus campañas evangelísticas, celebrada en el Madison Square Garden de Nueva York. Pero quizá lo más asombroso de todo era que Rachel estaba en ese momento tumbada en una hamaca, dentro de una choza llena de huaoranis que la habían invitado a ir allí para vivir con ellos. Era todo tan sorprendente que parecía un sueño, y Rachel fue durmiéndose poco a poco sin saber qué acontecimientos extraordinarios le traería el día siguiente.

Capítulo 13

Entre los huaorani

Con los primeros rayos de luz del nuevo día, Rachel escuchó a Kimo salir de su hamaca y dirigir unas palabras a Dawa, su esposa, antes de adentrarse en la selva.

—¿A dónde va? —preguntó Rachel.

—Se ha ido a buscar a los demás —respondió Dawa.

Rachel permaneció tumbada en su hamaca durante algunos minutos, hasta que el resplandor dorado del sol matutino se filtró a través de las hojas de las altísimas ceibas y acacias. Fuera de la choza, se escuchaba el alboroto que producían unas jovencitas, riendo y salpicándose, al tiempo que llenaban de agua unas vasijas de barro. Después escuchó el canto grave de Gimari mientras avivaba el fuego y echaba sobre él unas mazorcas de maíz. Desde la choza de al lado, le llegó la vocecita aguda de Valerie conversando con su madre.

—Mami, ¿me dejarás jugar hoy en el agua?

A Rachel, aquella escena mañanera, aparentemente tan normal, le resultó al mismo tiempo de lo más extraña.

Los porteadores quechuas habían decidido marcharse por la tarde y, antes de partir, se tomaron la molestia de fabricar una estrecha cama de bambú para Rachel. Varios niños huaorani trotaron río arriba para atrapar peces con sus lanzas, mientras algunas mujeres cruzaban el río para buscar yuca en un viejo huerto abandonado que había en un claro.

Rachel aprovechaba cualquier oportunidad para practicar el idioma, aunque pronto descubrió que los demás miembros de la tribu hablaban mucho más rápido que Dayuma. Cansada, se sentó sobre un tronco de madera de balsa para arreglarse las trenzas del pelo, cuando notó que Gimari se le acercaba y se sentaba junto a ella.

—Dayuma ha vivido en mi casa —le dijo Rachel—. Ella es como mi hermana pequeña. Ahora me siento muy feliz de estar aquí.

Gimari no respondió.

Aquella tarde, mientras los porteadores quechuas se preparaban para dejar el poblado y regresar al «mundo exterior», Rachel se sentó a escribir una carta a sus padres. Sentada sobre un tronco y con el cuaderno sobre las rodillas, escribió:

El recibimiento no pudo ser más amistoso. Estas chicas bronceadas parecen jovencitas debutantes pasándoselo bien y es como si hicieran esto todos los días. Fueron realmente encantadoras. La mujer de Kimo aún no tiene hijos. Gimari es la madre de un bebé gordito y encantador, Bai, que es otro de los hijos de Naenkiwi.

Rachel se detuvo un momento y miró a su alrededor, tratando de encontrar las palabras adecuadas para describir cómo se sentía por haber logrado finalmente estar allí, con la tribu.

Estar aquí me resulta la cosa más natural del mundo, algo a lo que el Señor me guió hace ya más de cinco años. Oro para que me permita aprovechar la situación y pueda cumplir los propósitos divinos...

Dawa, la esposa de Kimo, pertenece al grupo que vive río abajo. Aunque lo natural es que no vuelva a tener contacto con ellos, oro igualmente para que, de alguna forma, ella sea el instrumento que pueda llevarles también al Señor. Se trata de un grupo mayor que este, y que habla la misma lengua.

Cuando terminó de escribir la carta, los porteadores quechuas se reunieron para orar y después desaparecieron por el sendero en dirección a la jungla. Rachel, Betty y Valerie los vieron partir y, en ese instante, Rachel estuvo segura de que Betty y ella compartieron el mismo pensamiento: a partir de entonces el transmisor de radio sería su único vínculo con el mundo exterior. Por primera vez, se encontraban solas entre los huaorani, sin la protección de ningún hombre. Rachel prefería no pensar en ello, pero sabía perfectamente que unos años antes una pareja de misioneros se había establecido entre los indios nambikwaras, de Brasil, y había vivido pacíficamente con ellos durante dos años hasta que estos se volvieron contra ellos y asesinaron a machetazos al marido y al bebé.

En cuanto a los huaoranis, todos parecían amistosos con ellas y felices de que estuvieran allí, pero

Rachel no tenía forma de saber lo que pasaba realmente por sus cabezas. Con este pensamiento en
mente decidió sentarse de nuevo cerca del fuego y
disfrutar de la protección que el humo ofrecía contra los mosquitos, y aprovechó para rogarle en su
interior a Dios que, independientemente de lo que
pudiera sucederle a ella, el evangelio pudiese pene-
trar en el corazón de cada uno de los miembros de la
tribu de Dayuma.

Poco antes del anochecer, se oyeron unos gritos
a lo lejos que provenían del río Tiwaeno, de corriente
arriba.

—¡Ya llegan! —exclamó Dayuma levantándose de
un salto—. Ven, Nimu, salgamos a su encuentro.

Todo el grupo corrió hacia la ribera del río y permaneció en pie escudriñando la espesura de la selva,
en busca de cualquier indicio de Kimo y sus acom-
pañantes. Poco después, escucharon el sonido de
la vegetación agitándose y, de repente, un grupo de
huaoranis emergió en la estrecha ribera situada al
otro lado del curso de agua. Entre los recién llegados
se encontraba Akawo, quien, al ver a Dayuma, vadeo
el río todo lo rápido que pudo para abrazar, con el
cuerpo tembloroso de emoción, a su amada hija.

Akawo estaba también deseando conocer a Rachel y, poco después, Dayuma se la presentaba a su
madre.

—Tú eres Nimu —dijo Akawo—. Tú has descen-
dido del cielo. Tú debes llamarme madre.

Rachel sonrió y contempló por unos instantes a su
nueva «madre». Se sorprendió al comprobar que Akawo
era mucho más anciana de lo que había imaginado.
Tenía el rostro ajado y lleno de arrugas, pero ilumi-
nado por una gran sonrisa feliz y sincera, y aunque

se presentó vestida con el vestido de algodón, ya sucio
y arrugado, que Dayuma le había regalado en su primera visita, tras conocer a Rachel decidió quitárselo,
quedando completamente desnuda, a excepción de algunos pequeños abalorios de artesanía indígena.
Al día siguiente, Oba, la hermana menor de Dayuma, se unió al grupo, junto con Dyuwi, su marido,
y Adyibae, la hijita de ambos. A ellos los siguieron
Gikita, el tío de Dayuma, sus dos hijos menores,
Komi y Koni, y también Minkayi, su medio hermano.
Al cabo de una semana, unos cincuenta miembros
de la familia extensa de Dayuma se habían instalado
en y alrededor del claro en la selva situado a orillas
del río Tiwaeno.
Pronto quedó organizada la vida en la nueva aldea. Todo el mundo tenía una labor que realizar y se
encontraba ocupado haciéndola. Respecto a los hombres, la mayoría de su tiempo lo dedicaban a cazar
en la selva para conseguir carne. Rachel no tardó en
descubrir que cuántos más hombres tuviera una aldea mejor comía todo el mundo. La mayoría de ellos
utilizaba como instrumento de caza una cerbatana[1]
con dardos envenenados, con los que atrapaban
principalmente monos y jabalíes. Por otro lado, tanto
hombres como mujeres solían probar suerte intentado atrapar peces sin otro instrumento que las manos desnudas en los pequeños afluentes del Tiwaeno,
aunque la ocupación principal de las mujeres consistía en cultivar yuca y bananas, y recoger leña para el
fuego. A Rachel le sorprendió la gran abundancia de
alimentos que podía ofrecer la selva. Con cierta frecuencia, un grupo se internaba en ella en busca de

---

1   Cerbatana Canuto en que se introducen bodoques, flechas u otras
cosas, para despedirlos o hacerlos salir impetuosamente, soplando con
violencia por uno de sus extremos.

colmenas y regresaba con calabazas llenas de miel. Cierto día, Kimo llegó corriendo al claro y anunció que había cazado a un apreciado mono amunga con su cerbatana. Sin embargo, el cuerpo había caído en el hueco de un gran árbol y necesitaba ayuda para recuperarlo. Pronto se juntó un gran grupo para ir a ayudar a Kimo y Dayuma invitó a Rachel a ir con ellos. Con gran alborozo y alegría, el grupo siguió a Kimo a través de la selva hasta donde se encontraba el árbol. Al llegar al lugar, Kimo y varios de los jóvenes del grupo analizaron la situación y, a continuación, se pusieron manos a la obra. Primero talaron varios árboles más jóvenes para crear un claro donde el árbol grande pudiera caer. Después comenzaron a cortar con sus machetes el tronco del árbol grande que, para alegría de todos los presentes, no tardó mucho en desplomarse al suelo. Kimo se apresuró entonces a recuperar el cadáver del mono que había matado, pero se encontró con una agradable sorpresa adicional. En lo más profundo del tronco se escondían además dos puercoespines. Estaban tan bien escondidos en el interior del árbol que nadie lograba alcanzarlos, así que encendieron un fuego y trataron de sacarlos con ayuda del humo. Mientras lo intentaban, los huaoranis charlaban y reían entre ellos, y Rachel se maravilló de lo felices y contentos que parecían, y de cómo habían colaborado todos para recuperar el mono muerto y tratar de extraer a los puercoespines. En aquel momento, se le hacía muy difícil imaginar que aquella pudiera ser una tribu formada por individuos capaces de matarse entre sí con sus lanzas.

Cuando, a pesar de la humareda, los puercoespines se negaron a abandonar el tronco hueco, todos decidieron dejarlos allí y regresar al poblado. Al fin y al cabo, tenían un mono amunga, así que todos comerían bien.

Rachel podía alimentarse con la mayoría de las cosas que comían los huaoranis. Pero tenía una línea roja: las cabezas de mono. Podía comerse asadas las piernas peludas de un mono, pero sus cráneos le recordaban a las reducciones que los indios shapras hacían con las cabezas cortadas de sus enemigos. Rachel no tardó en descubrir que los huaoranis no se sentían insultados porque no comiera cabezas de mono. Para ellos constituían una exquisitez y cuantas menos personas las comieran más cantidad podían comer los demás. Así que nunca la presionaron para que comiera ese manjar.

Los días fueron transcurriendo muy parecidos unos a otros, excepto cuando alguien cazaba un tapir, un ciervo o un jabalí, entonces todos se daban un festín.

En cuanto a Rachel y Betty, solían pasar todo su tiempo dedicadas básicamente a dos tareas: estudiar el idioma huaorani, y mantenerse vivas y limpias en medio de la selva, cosa nada fácil. A diferencia de los indígenas, ambas mujeres tenían ropa que lavar y luego secar, colgándola en los arbustos cercanos al claro. También cartas que escribir, con la esperanza de hacerlas llegar algún día hasta la oficina de correos más cercana.

Rachel se impuso además otra ocupación: la de dibujar el árbol genealógico de la tribu. Sus miembros mantenían relaciones mucho más intrincadas de lo que ella jamás habría podido suponer. Los huaoranis utilizaban la misma palabra para referirse al padre o a un tío, o a la madre o a una tía. Esto complicaba mucho las cosas, así como también que los hombres pudieran estar casados con más de una mujer. Y fue, precisamente, a medida que investigaba las relaciones de parentesco, cuando Rachel se fue topando con la brutal realidad del sistema huaorani de venganza, que le hizo conocer muchos sucesos terribles. Rachel descubrió que Akawo, la madre de Dayuma, había visto morir atravesados por una lanza a su padre, su hermano, dos hermanas, un marido, un hijo, una hija y un hijastro, así como a muchos otros familiares lejanos.

Durante su investigación, también averiguó la identidad de todos los hombres que habían alanceado hasta la muerte a Nate y a sus cuatro compañeros: los dos tíos de Dayuma, Gikita y Kimo, y también Nimonga, Dyuwi y Minkayi. Además, logró enterarse de los acontecimientos que habían desencadenado la matanza, y que constituían un desgarrador relato de traición e ignorancia.

Naenkiwi y Gimari, a quienes los cinco misioneros de Palm Beach llamaban George y Delilah, querían casarse, pero a Akawo no le gustaba Naenkiwi, por lo que no les dio su consentimiento esto enfadó a Gimari, quien amenazó a su madre diciendo que si no cambiaba de opinión respecto a la boda huiría a los cowadi, los cuales habían dejado caer regalos del cielo desde la abeja de madera y estaban en ese momento acampados junto al río Curaray. Sin embargo, Akawo no se tomó en serio la amenaza de su hija y esta, enrabietada[2], partió a través de la selva en busca de los cowadi. Naenkiwi no tardó en ir tras ella, pero en la cultura huaorani no estaba bien visto que un hombre y una mujer solteros estuvieran solos, así que Mintaka, la tía de Dayuma y de Gimari, fue tras

2   Enrabietada: Sinónimo de encolerizar. Hacer que alguien se ponga colérico.

ellos. Los tres llegaron a Palm Beach a la vez, donde se encontraron con los misioneros. Estos constituían un grupo de gente extraña, pero no peligrosa. Gimari pidió repetidamente a los cowadi que la llevaran en la abeja de madera a visitar a su hermana Dayuma, pero los cowadi no entendieron sus palabras, así que poco antes del anochecer la abeja de madera despegó sin Gimari a bordo. Una vez más, Gimari se marchó airada y Naenkiwi fue tras ella, pero Mintaka decidió quedarse a pasar la noche junto a los cowadi que se habían establecido allí, pensando que quizá a la mañana siguiente accederían a llevarla a ella en la abeja de madera a ver su sobrina Dayuma. No obstante, cuando amaneció, la abeja de madera no regresó a la playa, así que Mintaka también se marchó.

Esa misma mañana, Naenkiwi, que ya había vuelto al poblado, para intentar encubrir el hecho de que había estado toda la noche a solas con Gimari, se inventó un montón de mentiras sobre los cowadi. Les dijo a los del pueblo que los cowadi los habían atacado a los tres con la intención de matarlos y comérselos. Él y Gimari habían corrido en la misma dirección, pero Mintaka había huido por otro lado, así que los tres se habían separado, y Naenkiwi y Gimari no habían tenido más remedio que pasar la noche juntos. Sin embargo, Naenkiwi se apresuró a señalar que aquello no tenía importancia, lo verdaderamente relevante era que un grupo de peligrosos cowadi había invadido su territorio con la intención de hacerles daño, conforme al comportamiento habitual de los cowadi en el pasado, así que debían hacer algo al respecto.

Hasta entonces, los huaorani habían albergado la esperanza de que los cowadi de la abeja de madera fueran amistosos. Al fin y al cabo, les habían

entregado multitud de regalos. Pero ahora sabían que
no era verdad; Naenkiwi les había abierto los ojos.

—Así es como obra un enemigo inteligente —dijo
Gikita a todo el mundo—. Los enemigos inteligentes
se muestran amistosos, y luego atacan. ¡Con su abeja de madera y sus regalos estos cowadi han demos-
trado ser muy astutos!

Gikita prosiguió su alegato recordando a los
miembros de la tribu las cosas horribles que otros
cowadi les habían hecho en otras ocasiones, y sus
palabras lograron llevar a los jóvenes del pueblo a un
estado de gran alteración y odio contra los extranjeros, por lo que empezaron a aguzar lanzas nuevas
con las que poder atravesar a los cowadi asentados a
orillas del río Curaray.

Cuando Mintaka llegó a la aldea pudo al fin contarles a todos que Naenkiwi había mentido y que los
cowadi eran pacíficos, pero ya era demasiado tarde.
Enajenados por el odio, los hombres ya habían par-
tido hacía el Curaray.

Los huaorani encontraron a Nate y a los otros
cuatro misioneros descansando en la playa. Utilizaron a las tres mujeres que habían ido con ellos como
señuelo, haciéndolas vadear el río y distraer la atención de los cowadi, mientras ellos se acercaban sigi-
losamente por detrás para atacarlos con sus lanzas.
En pocos minutos los cincos cowadi habían muerto.
Los enemigos que habían invadido el territorio de los
huaorani habían sido derrotados y el grupo regresó
al poblado para celebrarlo.

Rachel se enteró también de que Naenkiwi, cu-
yas mentiras habían llevado a los asesinatos de
Palm Beach, había muerto a su vez atravesada por
las lanzas, aproximadamente un año después del
ataque a los cinco hombres.

A medida que profundizaba más y más en el árbol genealógico del grupo, Rachel fue viendo con mayor claridad los efectos devastadores que las matanzas continuas habían tenido sobre aquella gente. Dayuma estimaba que en la época en que había abandonado su tribu, doce años antes, su parentela extensa habría sumado unas doscientas personas. Según la estimación de Rachel, en aquel momento solo cuarenta de los parientes de Dayuma seguían vivos y de los ciento sesenta restantes la mayoría había muerto a punta de lanza.

Como si aquello no fuera suficiente, Rachel no tardó en enfrentarse al horror de lo fácilmente que un huaorani podía acabar asesinando con su lanza a otro miembro de la tribu. Cuando murió uno de los niños pequeños de la aldea, Rachel descubrió a su padre, Tidonca, aguzando una lanza fabricada con madera de chonta. Cuando le preguntó a Tidonca para qué hacía esa lanza, este le respondió:

—Mi hijo ha muerto. ¿Por qué habría de vivir la inútil de mi hija?

Al comprender que Tidonca planeaba matar a su hija y enterrarla junto al cuerpo de su hijo, una práctica común entre los huaorani, Rachel le arrebató la lanza y huyó con ella a la selva. Varias horas más tarde, cuando al fin se atrevió a regresar a su choza, encontró allí a Kimo que hacía guardia para protegerla de la ira de Tidonca.

Preocupada, Rachel rogó a Dios que lo que había hecho no acabara costándole la vida a Kimo. Gracias a Dios no fue así. Privado de su lanza, Tidonca decidió no matar a su hija, y tras haber enterrado a su vástago, su enfado hacia Rachel fue poco a poco disminuyendo.

Al día siguiente, Rachel se acercó a Tidonca para devolverle la lanza. Fue un gesto de confianza. Tidonca podría haberse vuelto contra ella y haberla matado, pero pareció entender la naturaleza del gesto. Aceptó la devolución de la lanza y él y Rachel se hicieron buenos amigos.

Con el paso del tiempo, a Rachel se le fue haciendo cada vez más pesada la carga de traducir las Escrituras al huaorani. El idioma de la tribu carecía de términos que significaran comprar, vender o comerciar. Entre la tribu, si había comida de sobra se compartía con los demás. Si no era suficiente, la consumía la familia de la persona que la había cazado o recogido. Tampoco tenían nombres que designasen los distintos oficios, como pescador, maestro, granjero, recaudador de impuestos, hacedor de tiendas o artesano. Para hacerles comprender aquellos conceptos Rachel tenía que introducirlos en un mundo completamente diferente.

Rachel tuvo que tomar decisiones difíciles sobre cómo llamar a algunas cosas. Intentó usar expresiones sencillas, pero resultó imposible. Como la tribu no tenía una palabra específica para papel o para pan, usaban la misma palabra para las dos cosas: nido de avispas, ya que este mostraba cierto parecido con ambos. El papel moneda se transformó en «nido de avispas para dar y tomar». Entonces surgió el problema de cómo explicar el concepto de «dar y tomar» en las historias bíblicas. Además, a excepción de Dayuma, nadie había visto nunca un burro, una oveja o un caballo, e intentar explicar la diferencia entre aquellos tres animales le resultó a Rachel especialmente difícil. A veces se preguntaba si de verdad lograría alguna vez traducir el Nuevo Testamento.

Rachel y Betty dependían en gran medida de la ayuda que les prestaba Dayuma. Se podía decir que ella era la misionera más importante de las tres. Empezó por explicarle al resto de la tribu cómo era el mundo exterior. También les enseñó a contar los días en unidades de siete, como se hacía en el resto del mundo. Eso le permitió organizar la mañana de cada primer día de la semana un servicio religioso en la choza de Kimo y Dawa. Durante la reunión, los asistentes se recostaban en sus hamacas o se sentaban en el suelo, o sobre un tronco en el exterior, de la choza, mientras Dayuma les contaba historias bíblicas o les hablaba de los «grabados de Dios» (la Biblia). También enseñaba a su pueblo a cantar pequeños himnos, de tan solo una estrofa, que los huaorani entonaba de su forma peculiar: con un sonido nasal y en una escala menor. También dirigía al grupo en largas oraciones. A los huaorani les costó captar la idea de la oración, ya que no concebían el dirigirse a Dios de forma directa. Dayuma explicó a todo el mundo que al orar debían cerrar los ojos, como si se fueran a dormir. Si la gente empezaba a hablar durante la oración, Dayuma se interrumpía a sí misma y pedía con severidad a los charlatanes que guardaran silencio.

A Rachel le gustaba observar los rostros de los huaorani mientras Dayuma les hablaba de Dios. Al principio no delataban ningún tipo de emoción ni interés en lo que se estaba diciendo. Pero a medida que fueron pasando las semanas, Rachel comenzó a ver que algunos de los miembros de la tribu se mostraban más interesados y dispuestos a participar en una conversación. Entre los que parecían escuchar con más atención lo que decía Dayuma estaban Gikita, Kimo y Dawa.

En medio de sus labores de traducción, y a menudo en los momentos más inesperados, Rachel tenía momentos de iluminación intelectual en los que de repente lograba ver con claridad algún aspecto novedoso de la forma de pensar de los huaorani. Un día, Akawo le preguntó a Rachel:

—¿Dios se queda siempre en su hamaca, allá arriba, en el cielo?

Rachel pensó por un momento y se preguntó a sí misma: ¿Por qué no imaginar la casa de Dios con hamacas; una casa cuyo techo él está cerrando con paja en el cielo? Se trataba de una interpretación del cielo tan válida como cualquier otra, y sabía que era una forma de imaginarlo que los huaoranis serían capaces de entender.

Tras dos meses y medio en la selva, Rachel y Betty decidieron que necesitaban descansar un poco de los rigores de la vida que llevaban allí. También necesitaban descansar una de la otra. Rachel pensaba que Betty era la persona más tozuda[3] que jamás había conocido, y Betty le dijo a Rachel que opinaba exactamente lo mismo de ella. A menudo solían tener desencuentros respecto al trabajo de traducción, y en diciembre de 1958 ambas se encontraban exhaustas. Rachel y Dayuma se dirigieron a Limoncocha, mientras que Betty y Valerie se fueron a pasar una temporada con Marilou McCully en la casa de huéspedes de Quito.

Dayuma y ella fueron las primeras en regresar al poblado y, en marzo de 1959, regresó también Betty con una carta para Rachel de Cameron Townsend, en la que le decía que había encontrado a la persona perfecta para escribir una biografía de Dayuma. Se trataba de Emily Wallis, una obrera y compañera de Wycliffe. Emily acaba de terminar el libro *Two*

3 Tozuda: Obstinado, testarudo, terca.

Thousand Tongues to Go, que contaba la historia de Wycliffe, Traductores de la Biblia desde sus comienzos. Rachel tenía sentimientos encontrados respecto a la idea del tío Cam de que se escribiera un libro. Aunque pensaba que la vida de Dayuma merecía ponerse por escrito, a Rachel le preocupaba el daño que podría hacerle a la frágil tribu huaorani una mayor exposición al interés del público.

Capítulo 14

Cambios espirituales

Rachel echó un vistazo al calendario que colgaba de la pared de bambú trenzado. Era el 17 de abril de 1960, domingo de Pascua. Las dos únicas cosas que permitían a Rachel distinguir un día de otro eran el calendario y los mensajes de radio que recibía del mundo exterior. Dayuma seguía intentando conseguir que su gente contara los días en intervalos de siete, para así poder celebrar el domingo una vez a la semana, pero era como nadar a contracorriente. A veces la gente se olvidaba de contar un día, así que volvía a empezar desde el principio, por lo que algunas «semanas» tenían diez o doce días.

Desde su choza, mientras recogía su larga cabellera en un moño, Rachel escuchó cómo comenzaban a sonar en el poblado las palmas y los cánticos. Entonces tomó su Biblia y caminó a través del claro hasta el lugar donde Dayuma había reunido a la multitud. La gente entonaba una de las canciones que Dayuma había compuesto para ellos y, cuando terminaron de cantar, ella comenzó a hablarles de los grabados de Dios. En diez minutos había repasado el nacimiento, la vida, la muerte y la resurrección de Jesucristo. Entonces soltó una advertencia:

—Todos ustedes, los que no creen, serán arrojados del cielo, así como ustedes arrojan los gusanos fuera de su maíz. ¿Me han entendido? Si no creen, el diablo los atrapará.

Dayuma fue mirando entonces a cada uno de los presentes a los ojos.

—¿Quién quiere decir: «Sí, yo amo a Dios. Sí, yo creo. Sí, yo quiero vivir bien y seguir la senda de Dios al cielo»? —preguntó.

Varios papagayos se posaron en una ceiba cercana mientras Dayuma insistía en su llamado.

—¿Quieres decirlo tú, Dawa?

—Sí —respondió ella con voz fuerte y decidida.

—¿Y tú, Gimari? ¿Quieres seguir tú también la senda de Dios?

—Sí, yo también quiero amar a Dios —respondió Gimari.

Dayuma repitió la pregunta a todos los presentes, pero nadie más quiso unirse a Dawa y Gimari. A pesar de ello, Rachel estaba encantada. Solo habían pasado dieciocho meses desde que se fuera a vivir con la tribu, y ahora otras dos personas habían decidido seguir a Cristo. Más tarde, aquella misma noche, Rachel caminó un trecho, río abajo, hasta encontrar un lugar solitario y lloró de gozo. Oír a Dawa y a Gimari responder al llamamiento realizado durante la reunión le había hecho sentir que todas las aflicciones soportadas hasta el momento habían valido la pena.

Rachel y Dayuma comenzaron de inmediato a discipular con la Biblia a las dos nuevas convertidas, y Dayuma oraba con ellas todos los días. Su progreso fue lento, pero constante, y aunque ningún otro huaorani se unió a ellas en su nueva fe, toda la familia de Dayuma empezó a sentirse más relajada en presencia de Rachel. Sus sospechas en cuanto a las verdaderas intenciones de Rachel, que estuviera tratando de vengar la muerte de su hermano, fueron desapareciendo.

Al llegar enero, Rachel y Dayuma viajaron de nuevo a Limoncocha y, a su regreso, Kimo se apresuró a salir al encuentro de ambas en el camino. Su rostro resplandecía de felicidad.

—Fuimos contando los días y, en el día de Dios, nos contamos unos a otros las historias de los grabados de Dios —les dijo.

Rachel apretó la mano de Kimo y se preguntó si no estaría ante la próxima persona del grupo en convertirse.

Al domingo siguiente, Dayuma habló a todo el grupo sobre el perdón.

—Miren a ese mono de allí —dijo señalando a un monito aullador que uno de los niños tenía como mascota y había atado a un árbol para que no escapara—. Se encuentra atado con una liana, igual que nosotros permanecemos atados a nuestros pecados hasta que Dios corta la liana y nos libera. ¿Ven el agua de ese riachuelo? Cuando creemos en Jesús, nuestros pecados se hunden en aguas mucho más profundas que esas.

A continuación les contó la historia de su encuentro con el jefe Tariri en Estados Unidos, quien había sido un cazador de cabezas antes de convertirse y hacerse creyente.

—Ahora le habla a su pueblo acerca de Dios —le dijo Dayuma al grupo.

A media mañana, Rachel hizo la transmisión de radio programada a Limoncocha con la que solía mantener informados de su situación a los líderes de la misión. Cuando terminó de transmitir su mensaje, en lugar de apagar el aparato, siguió girando el dial, barriendo rápidamente las frecuencias en busca de cualquier otra transmisión, aunque muy raramente lograba captar otras emisiones. Sin embargo, en esta ocasión, a través de toda la estática y las interferencias, logró escuchar una voz que conocía bastante bien. ¡Era el jefe Tariri transmitiendo con un equipo de radio de Wycliffe desde su choza en Perú!

—¡Vengan rápido! —dijo Rachel al grupo, que apenas tardó unos segundos en llegar allí—. Escuchen. Este es Tariri, el jefe al que Dayuma conoció al otro lado del agua grande.

Todos se arremolinaron en torno al aparato para escuchar sus palabras.

—¿Qué está diciendo, Nimu? —preguntó Dawa.

Rachel escuchó con atención. Aunque había olvidado mucho del dialecto shapra, recordaba lo suficiente como para saber lo que el jefe estaba diciendo.

—Le dice a alguien: «Desde que creo en Jesús vivo bien. En lugar de matar, intento amar y ayudar a todo el mundo, incluso a mis enemigos».

La emisión se fue apagando, pero la impresión que causó en el grupo el poder escuchar la voz del jefe Tariri fue muy profunda. Durante los siguientes dos o tres días, Rachel pudo escuchar a los miembros de la tribu preguntándose unos a otros:

—¿Pudiste oír lo que dijo el jefe cazador de cabezas en la maquina que habla de Nimu?

A la mañana del cuarto día, Dawa se acercó a Rachel y le anunció:

—El tío Gikita es ahora como Tariri. Habla con Dios, y no para de caminar de un lado a otro por la selva.

Rachel se retiró a llorar en privado, se sentía abrumada por los cambios espirituales que empezaban a tener lugar alrededor de ella.

Aquel domingo, Dayuma lanzó un desafío a todo el mundo:

—Cuando los forasteros se reúnen, suelen pedir a los que saben que Dios les ha limpiado el corazón que se lo cuenten a los demás. ¿Hay alguien entre nosotros que quiera contar lo que Dios ha hecho en su corazón?

Dawa fue la primera en tomar la palabra.

—Antes no vivía bien, pero ahora amo a Dios con todo mi corazón.

Tras unos momentos de silencio, Dyuwi comenzó a contar con sus dedos:

—He matado a este, y a este, y a este.

Rachel lo observó con atención, sabía que alguno de sus dedos representaba su colaboración en la muerte de Nate y sus cuatro compañeros.

—Eso fue antes de conocer a Jesús. Ahora él ha limpiado mi corazón —afirmó Dyuwi.

Kimo, que había sido otro de los asesinos, lo interrumpió.

—La sangre de Jesús ha limpiado mi corazón. Ahora le amo y puedo vivir.

Nadie más tomó la palabra, pero aquello ya fue más que suficiente para alegrar la mañana de Rachel, Betty y Dayuma.

Aquella tarde, mientras Rachel escribía en su diario, Nimonga vino a visitarla. Era otra de las personas que habían participado en la muerte de Nate en Palm Beach. Al hablar con él, Rachel escogió cuidadosamente sus palabras.

—Nimonga, ¿has entendido los grabados de Dios esta mañana, cuando Dayuma ha hablado sobre cómo perdona él los pecados?

—Sí —respondió.

—¿Y te gustaría decirle sí a Dios?

—Sí, me gustaría —dijo Nimonga.

Gikita fue el siguiente en buscar a Rachel. Intentó contar a cuánta gente había matado a lo largo de su vida, pero su frustró cuando se le acabaron los dedos de las manos y los pies.

—Como no conocía bien, no hice las cosas bien —dijo. A Rachel le emocionó ver que a Gikita se le humedecían los ojos—. Ahora que conozco a Dios, haré las cosas mejor.

Una semana después, Minkayi, el quinto de los asesinos de los misioneros, confesó su deseo de hacerse cristiano.

—Ahora creo, y camino con Jesús por la senda hacia el cielo —anunció gozoso un domingo por la mañana.

Poco después de estos sucesos, Rachel recibió un sorprendente mensaje:

—El presidente de Ecuador va a visitar Limoncocha, y desea mantener un encuentro con algunos aucas en una ceremonia oficial —anunció la voz que salía por la radio.

Rachel sabía que si no querían ofender al presidente no tenían más remedio que acudir, y se preguntó qué miembros del clan de Dayuma podía llevar a entrevistarse con un hombre tan importante. Finalmente, decidió llevar a Dayuma, a Kimo y a Dawa. Los cuatro recorrieron el sendero que llevaba hasta Arajuno, donde subieron a una avioneta del JAARS que los llevó volando hasta Limoncocha. Durante el vuelo, Rachel observó divertida la cara de Kimo apretada contra la ventanilla, contemplando pasar la selva bajo sus pies.

La avioneta del JAARS llegó a Limoncocha justo antes que los dos aviones oficiales que traían al Presidente Velasco y a su comitiva desde Quito. Con él venía también el tío Cam, que había volado desde Carolina del Norte para asistir a la ceremonia.

Además, asistieron representantes de todas las tribus indígenas del Ecuador con las que trabajaba el equipo de los misioneros de Wycliffe. Rachel se encargó de conducir a Kimo y a Dawa hasta su lugar en la multitud reunida para el evento. Justo cuando esta iba a empezar, comenzó a llover con fuerza y la ceremonia oficial de presentación tuvo que cancelarse. Sin embargo, poco después Rachel descubrió que al presidente Velasco no le había importado mucho que se suspendiera el acto. En realidad, lo único que le interesaba era poder conocer en persona a algunos miembros de la temible tribu auca, así que Rachel, Dayuma, Kimo y Dawa fueron conducidos a un edificio para tener un encuentro privado con el presidente.

—Señor presidente, me gustaría presentarle a la señorita Rachel Saint. Ya tuvieron la oportunidad de conocerse hace unos años, cuando un grupo de misioneros del SIL le hizo una visita en el palacio presidencial —dijo el tío Cam.

El presidente Velasco asintió levemente para indicar que recordaba la ocasión.

—Y esta es Dayuma —prosiguió el tío Cam—. La señorita Saint la encontró cuando la joven auca trabajaba en una hacienda en Oriente.

El tío Sam iba a continuar con las presentaciones cuando Kimo le interrumpió. Sin avisar, se adelantó y, posando la palma de su mano sobre la cabeza del presidente, le frotó la calva.

Rachel sintió cómo las mejillas se le sonrojaban al instante.

—Por favor, discúlpelo señor presidente, seguramente estaba matando un mosquito —dijo Rachel balbuceando a modo de disculpa.

—Creo que lo más probable es que sea la primera vez en su vida que ve a una persona calva y ha querido comprobar si era real —replicó tío Cam.

Todo el mundo se rió, incluido el presidente, quien tranquilizó a Rachel asegurándole que no se sentía ofendido por lo que había hecho Kimo.

Finalmente, Kimo y Dawa se sentaron en el suelo, mientras que Dayuma lo hacía en un taburete bajo a su lado, para vigilarlos de cerca, no fuera a ser que Kimo hiciera cualquier otra cosa que avergonzara a Rachel u ofendiera al presidente Velasco.

La reunión continuó, y el presidente quiso saber cómo habían logrado Rachel y Betty pacificar a la peligrosa tribu asesina de los aucas.

—Todo el mérito y la gloria es de Dios, señor presidente —dijo Rachel—, él es quien lo dispuso todo para que pudiéramos entrar a salvo en su territorio.

A continuación, proporcionó al mandatario detalles más específicos acerca de los acontecimientos que habían permitido que Betty y ella vivieran entre los huaorani. También le puso al día de los antecedentes de Kimo y Dawa.

—¿Así que este hombre es uno de los que mataron a los misioneros? —comentó el presidente señalando a Kimo—, ¿y dice usted que los otros cuatro implicados en los asesinatos también han dejado de matar? ¿Cómo ha ocurrido eso?

Rachel explicó al presidente que el mismo mensaje de perdón y fe en Jesucristo es capaz de cambiar el corazón de toda persona en cualquier lugar.

—Pero, ¿de verdad puede este hombre comprender quién es Dios? —preguntó él, señalando una vez más a Kimo.

—¿Por qué no se lo pregunta usted mismo? Yo misma traduciré sus palabras —respondió Rachel.

—Muy bien —dijo el presidente. Y dirigiéndose a Kimo, le preguntó—: ¿Quién es Jesucristo, Kimo?

Rachel tradujo sus palabras. Kimo reflexionó unos instantes mientras una amplia sonrisa se iba formando en su rostro.

—Él es aquel que vino del cielo y murió por mis pecados. Él es quien hizo que yo dejara de matar. Ahora vivo felizmente con mis hermanos.

Cuando Kimo terminó de hablar, Rachel tradujo sus palabras al presidente, quien sacudió su cabeza asombrado.

—Asombroso, simplemente asombroso —dijo Velasco Ibarra.

A la mañana siguiente, el tío Cam le contó a Rachel que la noche anterior, durante la cena, Velasco no había parado de hablar sobre el cambio que se había producido en Kimo. El presidente se había quedado impresionado con la obra de Wycliffe en su país, y especialmente le había fascinado la labor de Rachel entre los huaorani.

Tras pasar tres días en Limoncocha, Rachel, Dayuma, Kimo y Dawa volaron de vuelta a Arajuno, desde donde regresaron caminando a territorio huaorani. A Kimo, el viaje de ida y vuelta en avioneta entre Limoncocha y Arajuno le había dejado muy impresionado y, durante el camino, propuso a Rachel construir una pista de aterrizaje junto al asentamiento huaorani situado cerca del río Tiwaeno. Por supuesto, la tarea de limpiar de vegetación una tira de terreno de casi doscientos metros de largo de selva virgen asustaba de solo pensar en ella, pero Rachel aseguró a Kimo que a ella también le parecía una buena idea.

De regreso en el poblado, todo el mundo estuvo de acuerdo en que construir una pista donde una abeja de madera pudiera aterrizar era una buena idea, pero todos también reconocieron que se trataba de una tarea ímproba. Sin embargo, Rachel recibió una ayuda inesperada para convencer a la tribu de que empezara a trabajar en el proyecto. Una expedición muy exitosa acababa de regresar tras haber cazado una gran cantidad de jabalíes. Pero como los huaorani no tenían forma de conservar la carne, tenían que comérselos muy rápidamente, así que Rachel sugirió a las mujeres que preparasen diversos banquetes a todos los hombres que colaborasen en limpiar la franja de terreno. Su idea tuvo un gran éxito, y pronto todos se unieron a la tarea de hacer una gran claro en la selva. Rachel quedó asombrada al comprobar lo rápido que trabajaban. De vez en cuando, ella misma hacía una pausa en su tarea de cavar y despejar y se quedaba observando la manera que tenían los huaoranis de trabajar en equipo. Mientras lo hacía, se acordó de Nate. ¡Cómo le habría gustado que estuviera vivo para contemplar aquella escena!

Nada más terminar la pista de aterrizaje, Rachel, Betty y Dayuma hablaron entre ellas de cómo salvaguardar la seguridad de cualquier piloto que volara hasta la aldea. Seguían siendo muy pocos los huaoranis que hubieran mantenido cualquier contacto con forasteros, excepto con Rachel y Betty, y la mayoría seguía albergando una fuerte desconfianza hacia ellos. Que un hombre blanco llegara en avioneta hasta la aldea era algo que preocupaba mucho a Rachel. ¿Atacarían los miembros de la tribu a la avioneta, tal y como habían hecho con la de Nate en Palm Beach? ¿Albergaría alguno de los huaorani la intención oculta de clavarle una lanza al piloto? Nadie lo sabía con seguridad. Las tres mujeres oraron al respecto y todas sintieron que había llegado el momento de invitar a Don Smith, el piloto del JAARS en la zona, a que tomara tierra con su avioneta en la nueva pista.

Cuando la primera avioneta descendió por debajo del nivel de las copas de los árboles y sus ruedas tocaron la tierra de la pista fue un momento histórico. Rachel y Dayuma se abrazaron y rieron, mientras Don saludaba con la mano a todo el mundo desde la cabina de pilotaje.

Don entregó a Rachel y Betty provisiones y correo, y a continuación Dyuwi pronunció una oración de acción de gracias para celebrar la ocasión.

—Padre nuestro que estás en el cielo, gracias por hacer realidad este día en el que nuestro pueblo y los forasteros podemos reunirnos en paz —dijo.

Rachel respondió con un gran amén.

Mientras veía despegar a la avioneta, Rachel pensó en lo mucho que aquella pista de aterrizaje ayudaría a los huaorani. Ahora estaban a solo diez minutos de vuelo de Arajuno, treinta de Shell Mera y treinta de Limoncocha. A partir de entonces, un huaorani enfermo podría recibir asistencia médica en la clínica de Shell Mera en cuestión de minutos, en lugar de necesitar los varios días de duro trayecto a través de la selva que solía tardarse en llegar allí.

La avioneta del JAARS no tardó en convertirse en una parte indispensable de la vida en el poblado de Tiwaeno. Además del piloto, Don Smith, el primer visitante en volar hasta allí fue Catherine Peeke, que había trabajado en Ecuador con Rachel y la había acompañado a Hacienda Ila cuando tuvo su primer encuentro con Dayuma. Catherine y Mary Sargent, también misionera de Wycliffe, habían viajado a Ecuador con el deseo de traducir la Biblia al idioma záparo, pero tras una búsqueda prolongada y exhaustiva solo habían podido encontrar a diez hablantes de ese idioma en todo el país. Las enfermedades del hombre blanco habían acabado con todos los otrora robustos indios záparos. Tras descubrir que quedaban tan pocos de ellos, Catherine se encontraba en ese momento buscando otra tribu con la que trabajar. Mientras tanto, según le contó a Rachel, estaba investigando para sacarse un doctorado en lingüística por la Universidad de Indiana, y la tesis que planeaba escribir versaba sobre la gramática huaorani. Esta noticia dejó a Rachel muy feliz. La gramática era la parte del estudio de una lengua que más le costaba, y estaba deseando recibir la enseñanza y consejos que pudiera proporcionarle Catherine.

Otra de las personas que visitó el poblado fue el doctor Everett Fuller, de la clínica de Shell Mera. El doctor Fuller fue a Tiwaeno para ofrecer consejos de salud a los habitantes del asentamiento. Cuando se enteró de su llegada, Dayuma se alegró muchísimo.

—¿Podría él bautizar a los creyentes en el agua? —preguntó a Rachel.

Rachel estuvo de acuerdo en que era una buena idea aprovechar para ver si alguien quería bautizarse. Dawa, Kimo, Komi, Nimonga, Gimari, Gikita y otros tres adultos dijeron que se sentían preparados para dar el paso. Fue un día maravilloso para Rachel, que lo describió así en una carta a sus padres:

> Para mí, que había visto la expresión de los rostros de los aucas pasar de la animadversión[1] a la amistad, de la incredulidad a la fe, supuso la mayor de las bendiciones contemplar la dulzura radiante de sus caras al ascender de las aguas del bautismo. Nuestros corazones se regocijaron ante esa respuesta al sacrificio y las oraciones de tantas personas.

El bautismo vino seguido rápidamente por otra ceremonia cristiana: una boda. Dayuma y Komi se casaron acompañados de las usuales ceremonias huaorani, pero con el añadido de dos elementos nuevos: la oración y un breve sermón.

Poco después de la boda de Dayuma, Betty anunció que ella y Valerie dejarían pronto el poblado. La personalidad de Catherine encajaba mucho mejor con la de Rachel, así que Betty decidió echarse a un lado para que Catherine pudiera ocupar su lugar y ser la nueva compañera permanente de Rachel. La transición se llevó a cabo rápidamente, pero Rachel permaneció sola durante algún tiempo en Tiwaeno mientras Catherine volvía a Estados Unidos a completar sus estudios de doctorado.

No obstante, Rachel no tenía tiempo de aburrirse. Por entonces, el grupo de creyentes del poblado había construido un local de culto techado donde realizar sus actividades, lo llamaban «la casa dónde

---

1 Animadversión: Enemistad, ojeriza.

Dios habla», y cada noche celebraban allí reuniones, a las que se sumaba Rachel. Las labores de traducción fueron también progresando. En ocasiones
sentía que avanzaba muy rápido, pero en otros momentos su único deseo era que Catherine volviera
rápido, para ver si con su ayuda lograba inyectar
algo de velocidad al proyecto.

Un día le llegó la noticia de que su padre había
muerto a los ochenta y cuatro años de edad, pero no
se vio en condiciones de volar a casa para asistir al
funeral. Un nuevo peligro amenazaba en el horizonte. Grandes compañías petrolíferas, como Texaco y
Gulf Oil, habían enviado avionetas que sobrevolaban la zona para investigar la cuenca del río Curaray desde el aire. Rachel sabía que aquello solo podía significar una cosa: se estaban preparando para
ocupar la selva, una vez más, en busca de su oro
negro, el petróleo.

Capítulo 15

El pueblo de río abajo

En enero de 1964, la noticia de un nuevo ataque de los huaorani se extendió por todo el mundo. Esta vez los atacantes no habían sido los familiares inmediatos de Dayuma, sino sus primos lejanos de aguas abajo, que habitaban a lo largo del río Napo. Rachel desconocía el motivo concreto del ataque, pero estaba bastante segura de que tenía que ver con la actividad de las veintisiete compañías petrolíferas que en aquellos momentos rivalizaban por conseguir derechos de perforación en la provincia de Oriente.

Aunque sus tierras también se encontraban bajo amenaza, Dayuma y su clan estaban muy preocupados por lo que pudiera sucederle a su parentela de río abajo. Comprendían que si el pueblo que habitaba allí no era alcanzado pronto con el evangelio, continuarían atacando a los forasteros. Y entonces, sería solo cuestión de tiempo hasta que las grandes compañías petrolíferas perdieran la paciencia y aniquilaran a toda la tribu.

En respuesta al empeoramiento de la situación, Gikita y Dyuwi pensaron en visitar a la tribu de río abajo y hablarles de Jesús. Sin embargo, Rachel sentía que no era seguro actuar así, y oraba para que Dios les abriera alguna otra forma de entrar en contacto con ellos. Sus oraciones fueron respondidas en forma de un mensaje de radio procedente de un remoto asentamiento en la selva. Un colono avisó a Rachel a través de la radio de que había disparado a una chica adolescente. Esta se encontraba seriamente herida, y al describirla dijo que no vestía nada más que un cordón alrededor de su cintura y unos grandes tapones de madera de balsa en las orejas. Rachel comprendió inmediatamente que se trataba de una chica huaorani y llamó por radio a Shell Mera pidiendo que acudiera una avioneta a recogerla y llevarla hasta la indígena herida.

Cuando Rachel llegó a ese asentamiento remoto, la chica adolescente ardía de fiebre y parecía muy asustada. Al acercarse a ella, la indígena comenzó inmediatamente a gemir. Comprobó que el colono y su esposa le habían vendado el costado por donde había entrado la bala, pero la sangre se filtraba a través de las vendas.

—Dos balas —dijo el colono—. Nos encontramos con ella y un hombre que iban en una canoa. Entonces el hombre comenzó a arrojarnos lanzas, y nosotros respondimos con disparos.

—Déjenme hablar a solas con la muchacha —dijo Rachel.

El colono y su mujer asintieron y dejaron la habitación.

—Me llamo Nimu —dijo Rachel dulcemente en huaorani—. Dios Padre me ha enviado a vivir con tu pueblo en Tiwaeno. Dayuma es mi hermana de adopción.

—¡Dayuma! —exclamó la muchacha intentando incorporarse— ¿Dayuma vive? Pensaba que los forasteros la habían disparado y se la habían comido hace muchas estaciones. También me han disparado a mí. ¿Cuándo van a comerme?

—Nadie va a comerte —respondió Rachel, al tiempo que extraía un termómetro de su bolsa—. Todos vivimos en paz en Tiwaeno, y queremos que vengas y vivas con nosotros. ¿Cómo te llamas?

—Oncaye —respondió ella—, hija de Titada.

Rachel asintió.

—Ahora ponte esto debajo de la lengua —le dijo—. No te preocupes, no te hará daño.

—Oncaye abrió obedientemente la boca y Rachel le introdujo el termómetro bajo la lengua. El mercurio indicó treinta y nueve grados.

Rachel salió de la cabaña y fue a hablar con el piloto del MAF que la había llevado hasta aquel puesto de avanzada.

—Si queremos que tenga alguna oportunidad de salvarse, debemos llevarla al hospital de Shell Mera y que le extraigan las balas —dijo.

—El piloto se puso inmediatamente en acción y poco después Oncaye experimentaba su primer vuelo en avioneta.

En Shell Mera, el equipo médico fue capaz de retirar con seguridad las balas del costado de Oncaye, quien comenzó un largo período de recuperación. Una vez que recobró algo de fuerzas, Oncaye contó a Rachel más sobre su vida. Resultó que tenía cuatro hermanas que habían huido de la tribu años antes, y ella pensaba que estaban muertas. Rachel tuvo el gozo de decirle que las cuatro, incluida Dawa, estaban vivas y a salvo, y vivían en Tiwaeno. Rachel solicitó entonces que una avioneta fuera a Tiwaeno a recoger a las cuatro hermanas de Oncaye y las llevara a Shell Mera, para que Oncaye pudiera verlas con sus propios ojos.

Al llegar a Shell Mera y reencontrarse con Oncaye, las cuatro hermanas se llevaron una gran alegría e inmediatamente comenzaron a hablar entre ellas con gran emoción. La conversación pronto derivó hacia el cambio que se había producido en el corazón de los huaoranis de Tiwaeno, gracias a haber escuchado los grabados de Dios.

Cuando Oncaye se encontró suficientemente restablecida, Rachel se la llevó a Tiwaeno, donde todos la dieron una cálida bienvenida.

—Nosotros ya no matamos a nuestros bebés cuando lloran —le contaron los demás huaoranis—. En lugar de ello hacemos el bien, y hablamos del Dios que hizo el mundo.

Gikita quedó conmocionado al escuchar las historias que contaba Oncaye, especialmente cuando les contó que su pueblo planeaba atacar a los trabajadores de la compañía petrolífera.

—Debemos ir a verlos pronto —dijo Gikita—. Deben escuchar los grabados de Dios o morirán.

En febrero de 1965, cuatro huaoranis, Dyuwi, Tona, Oncaye y su hermana Boika, partieron desde Tiwaeno para encontrarse con sus parientes de río abajo. Siete días después estaban de vuelta en Tiwaeno. Oncaye les contó que sus heridas de bala se habían abierto otra vez, y que a Tona le había

caído un árbol sobre la pierna, lo que había hecho
que les resultara imposible continuar.

No obstante, el grupo decidió que había que realizar otro intento de llegar hasta sus parientes. Esta
vez partieron Dyuwi, Minkayi y Gikita, tres de los que
habían participado en las matanzas de Palm Beach.
Sin embargo, esta vez fueron las lluvias torrencia-
les con sus consiguientes inundaciones las que los
obligaron a darse la vuelta. Su regreso a Tiwaeno
supuso un duro golpe para los cristianos del poblado, y los tres hombres decidieron partir otra vez, tan
pronto como fuera posible llegar hasta aguas abajo.

Mientras tanto, Rachel logró terminar la traducción del evangelio de Marcos al huaorani. Satisfecha,
envió su traducción a Ciudad de México, donde la
Sociedad Bíblica Americana había prometido impri-
mirla. El primer paquete con las copias impresas del
evangelio de Marcos llegó a Tiwaeno el viernes santo
de 1965. Acompañando al valioso cargamento, llegaron Philip y Steve Saint, los dos hijos de Nate, que por
entonces tenían ya once y catorce años.

Rachel recibió a sus sobrinos con la misma satisfacción que le produjo la llegada del recién impreso
evangelio, y al llegar el domingo de Pascua celebraron un gozoso culto de dedicación. Por supuesto,
Rachel era consciente de que ahora que ya tenía el
evangelio traducido al huaorani, su siguiente desafío consistía en enseñar al pueblo huaorani a leer.

Poco después de la Pascua, llegó también a
Tiwaeno Kathy Saint, que había cumplido dieciséis
años. Quería bautizarse y preguntó a Rachel si podían hacerlo algunos de los ancianos de la iglesia de
los huaorani. Rachel lo consultó con los miembros
de la iglesia y todo el mundo estuvo de acuerdo en

que era una gran idea. Entonces, Steve Saint y dos adolescentes llamados Iniwa y Oncaye pidieron también ser bautizados

Marj Saint voló desde Quito para presenciar los bautismos y, el 25 de junio, un gran grupo partió desde Tiwaeno en dirección a Palm Beach para celebrar allí la ceremonia. Kimo y Dyuwi abrían la marcha. Al día siguiente, el grupo se reunió a la orilla del río Curaray, en Palm Beach. Allí se detuvieron junto a las tumbas de los cinco mártires misioneros, mientras Kimo, Kathy y Steve Saint, Oncaye e Iniwa se metían en el agua. La multitud cantó «Descansamos en ti»[1], que había sido el himno favorito de los cinco misioneros fallecidos. Cuando casi habían terminado de cantar, Rachel levantó la vista y localizó entre en la espesura cinco flores rojas de la selva. Para ella, era un símbolo de Nate y los otros cuatro misioneros que habían entregado sus vidas, para que un acontecimiento como aquel pudiera tener lugar entre los huaorani.

Cuando dejaron de sonar los últimos acordes del himno, Kimo bautizó a los cuatro candidatos, uno tras otro, y al terminar pidió a los asistentes que inclinaran la cabeza para elevar una oración:

—Padre del cielo —empezó diciendo—, tú sabes que pecamos aquí. Éramos ignorantes. No sabíamos que nuestros hermanos habían venido a hablarnos de ti. Pero ahora tú has enterrado nuestros pecados en lo más profundo de las aguas, y estamos contentos de servirte y de saber que algún día volveremos a ver a aquellos a los que matamos. Dios y Padre, estos jóvenes hermanos y hermanas han entrado en las aguas. Ayúdalos a vivir con la misma felicidad que nosotros. Ayúdalos a ser fieles a ti y a tus grabados. Amén.

1 N. del T.: We Rest in Thee. Edith Gilling Cherry (1872-1897)

Cuando Kimo concluyó su oración, las lágrimas rodaban por las mejillas de Rachel. De nuevo pensó en lo mucho que le hubiera gustado que Nate estuviera allí para ver aquella escena. Sin embargo, también era consciente de que había sido su muerte y la de los otros cuatro hombres la que había allanado el camino para hacer posibles los bautismos que acababa de presenciar. Asimismo, sabía lo mucho que habría emocionado a Nate que fuera precisamente Kimo, uno de los asesinos, la persona que condujera los bautismos.

En noviembre de 1965 llegaron más visitas a Tiwaeno: el doctor Raymond Edman, del Wheaton College, y su esposa. Habían ido allí para celebrar el histórico primer congreso sobre la Biblia en huaorani. El último día de la reunión, el Dr. Edman leyó un pasaje de Hechos 13 sobre el envío de Pablo y Bernabé como misioneros. Al terminar, desafió a los presentes a renovar su compromiso de alcanzar a sus vecinos de río abajo con el evangelio. Dyuwi, Tona y Oncaye pasaron al frente al final del servicio religioso para pedirle al Señor que les diera fuerzas y valor para visitar a sus parientes del otro extremo del río.

Rachel era consciente de la importancia de llegar allí lo antes posible. Cada semana aumentaba la posibilidad de que las compañías petrolíferas comenzaran a perforar pozos de petróleo. Los obreros de las compañías invadían cada vez más territorio huaorani y los planes para construir oleoductos por toda la región de Oriente seguían adelante.

Don Smith, el piloto del JAARS, mantenía a Rachel al día de los avistamientos de huaoranis y, en febrero de 1966, informó que había localizado un poblado. Después, voló hasta Tiwaeno y recogió a

Dyuwi, Dayuma y Oncaye, de manera que ellos pudieran ver también el poblado desde el aire. Cuando regresaron, a Oncaye le costaba respirar de la emoción:

—¡Al pasar volando bajo pude ver a mi madre!

Dayuma analizó lo ocurrido con más calma.

—Un hombre grande arrojó varias lanzas al avión —informó.

A pesar de ello, conocer la ubicación exacta del grupo que vivía río abajo bastó para poner en marcha a los huaorani de Tiwaeno. Pocos días después, Dyuwi, Tona, Oncaye y su hermana Boika partieron a pie hacia el poblado. Con ellos llevaron unas pocas provisiones y una radio, para mantener el contacto con Rachel y Don. El plan consistía en que Don vigilaría el asentamiento y guiaría a los cuatro misioneros huaoranis si se desviaban del camino.

Varios días después, los cuatro regresaron apresuradamente a Tiwaeno totalmente alterados. Oncaye relató a Rachel lo que había sucedido:

—Caminamos durante varios días —dijo—, hasta que vimos algunas huellas. Pertenecían a mi familia, así que las seguimos. Mientras caminábamos, notamos algunas manchas oscuras en el suelo, junto a las pisadas. Ya casi había anochecido cuando llegamos a una pequeña choza. Olía muy mal y estaba repleta de moscas. Al entrar encontramos el cadáver de mi madre acribillada a lanzadas. Entonces comencé a gritar y corrimos. Seguimos corriendo durante un largo tiempo, y ya había avanzado mucho la noche cuando nos detuvimos y encendimos una hoguera. Dyuwi y Tona estaban cansados, así que se fueron a dormir mientras Boika y yo preparábamos algo de comer. Sin embargo, pronto nos dimos

cuenta de que alguien nos espiaba desde la espesura de la selva. Miré a Boika y ambas comenzamos a
hablar con el Padre Dios. En ese momento escuché
un silbido suave procedente de la espesura, que es
la señal que utiliza mi pueblo para iniciar un ataque, así que llamé a los hombres de la selva y les
dije: «¿También a mí quieren matarme? Muy bien,
adelante, inténtenlo. No pueden hacerme daño. Solo
pueden matar mi cuerpo. Mi alma irá a estar con
el Padre Dios». En ese momento, Dyuwi y Tona ya
se habían despertado y todos empezamos a correr a
través de la selva hacia Tiwaeno lo más rápido que
pudimos. Sin embargo, los hombres de río abajo
nos seguían la pista, así que yo oré: «¡Dios, haz que
llueva, date prisa!», y pronto comenzó a llover muy
fuerte y el agua borró nuestras pisadas, así que los
hombres no pudieron seguirnos.

Rachel suspiró profundamente. Era un relato estremecedor y los cuatro tenían mucha suerte de haber escapado. También se sentía muy triste de que
Oncaye hubiera tenido que ver el cadáver alanceado
y en descomposición de su madre. Puede que las cosas hubieran cambiado para los huaorani de Tiwaeno, pero ciertamente no era así con los huaorani de
río abajo. No obstante, Dios había abierto una puerta en Tiwaeno gracias al clan de Dayuma y Rachel
estaba segura de que también haría lo mismo con el
pueblo que vivía aguas abajo.

Mientras Rachel trabajaba en Tiwaeno, fuera de
allí el resto del mundo recordaba solemnemente el
décimo aniversario de las muertes de los cinco misioneros en Palm Beach. El gobierno de Ecuador lanzó
una edición especial de sellos de correos con la efigie
de cada uno de los cinco hombres asesinados y el

doctor Edman escribió una serie de artículos para varias revistas cristianas. La organización de Billy Graham distribuyó más de cien mil copias de un folleto escrito por Rachel, titulado Diez años después de la masacre. La atención mediática suscitada por el aniversario de las muertes hizo que se avivara de nuevo el interés por los huaorani y, a mediados de 1966, Cameron Townsend contactó con Rachel a través de la radio. Tenía otra petición: esta vez quería llevar a dos huaoranis cristianos al Congreso mundial de evangelismo que iba a celebrarse en noviembre en Berlín, Alemania. Rachel se mostró reacia a salir de la selva, pero, una vez más, decidió confiar en el buen juicio del tío Cam. En aquel viaje a Berlín decidió que la acompañaran Kimo y el marido de Dayuma, Komi. La primera etapa del trayecto los llevó a Huntingdon Valley, a visitar a la anciana madre de Rachel. Era la primera vez que Kimo y Komi salían de la selva y su reacción ante el mundo exterior proporcionó a Rachel muchas anécdotas divertidas. Cuando descendieron del avión en Quito para tomar el transbordo rumbo a Estados Unidos, Kimo vio un camión y exclamó: «¡Miren, un avión que anda!».

Al llegar a Huntingdon Valley, Rachel buscó ropas adecuadas de invierno para los dos hombres huaoranis y, cuando Kimo y Komi aparecieron ante ella vestidos con traje, abrigo, y calzando zapatos, bufanda y sombrero, le costó contener la risa. Tras haber pasado la mayor parte de su vida desnudos, el aspecto de aquellos hombres era casi irreconocible. Por supuesto, encontrar zapatos de vestir en los que pudieran introducir sus pies extremadamente anchos no fue nada fácil y, cuando los encontraron, ambos tardaron bastante en acostumbrarse a llevar aquel calzado tan pesado. A continuación los llevó a un dentista, que les corrigió algunos problemas y, finalmente, todos partieron en dirección a Berlín.

Al llegar, los dos huaoranis quedaron sumamente impresionados con la cueva (el hotel) donde se alojaban. Encontraron difícil creer que pudiera existir un edificio tan grande para que la gente durmiera. Pero también les dejó conmocionados visitar con Rachel un parque y no ver ni un solo mono en los árboles. Tras considerar detenidamente aquel fenómeno, Kimo sentenció:

—Lo que pasa es que los árboles son muy bajos, y están demasiado apartados los unos de los otros como para que los monos puedan saltar de rama en rama.

La cantidad de gente que asistió al Congreso de evangelismo también les dejó impresionados.

—No sabíamos que la familia de los creyentes en Dios fuera tan grande —le explicaron a Rachel.

Kimo y Komi fueron la gran atracción del Congreso. Allí donde se encontraran, siempre se juntaba una gran muchedumbre deseosa de poder echar un vistazo a aquellos aucas de los que tanto habían oído hablar.

El antepenúltimo día del Congreso, ambos subieron al escenario para hablar a la multitud y Rachel tradujo sus palabras. Para ayudarlos, George Cowan, uno de los líderes de Wycliffe, fue haciéndoles una serie de preguntas. La última de ellas fue:

—¿Tienen algún mensaje para los creyentes que han venido aquí desde todos los rincones del mundo?

Kimo recorrió con su mirada las casi doce mil personas que abarrotaban el auditorio, y luego respondió:

—Yo les digo: lleven los grabados de Dios a todos los pueblos de sus naciones. Nosotros volveremos a casa y llevaremos el mensaje de Dios a nuestros enemigos de río abajo. Les diremos: «Creyendo en Dios y en su hijo Jesús vivimos bien. Hemos dejado de matar con la lanza y de asfixiar a los bebes. Ahora vivimos felices con nuestras familias. Esto es lo que les diremos y les invitaremos a creer en Dios y a vivir en paz con nosotros».

Cuando Rachel terminó de traducir sus palabras, la multitud estalló en un fuerte aplauso. Tras la clausura del Congreso, Rachel, Kimo y Komi visitaron varias ciudades europeas. Una de ellas fue Londres. Su llegada allí constituyó un momento muy emocionante para Rachel, que no había vuelto allí desde que tenía dieciocho años y había estado con la señora Parmalee. Fue precisamente durante aquel viaje, a bordo del barco que la llevó de regreso a Estados Unidos desde Londres, cuando tuvo la visión de un grupo de personas que la hacían señas desde la selva, pidiéndole que fuera hasta ellas. Era «su» pueblo, el pueblo al que estaba segura de que Dios la estaba dirigiendo. Y ahora, después de tantos años, se encontraba de nuevo en Londres, pero esta vez acompañada por dos miembros de ese mismo pueblo.

Finalmente, tras seis semanas de viaje, los tres regresaron a Tiwaeno. Allí todo el mundo estaba ansioso por saber lo que Kimo y Komi habían visto y hecho. A Rachel le sorprendió que no fueran los rascacielos, ni las autopistas, ni los grandes aviones lo que más les hubiera impresionado, sino la gran cantidad de gente con la que se habían encontrado.

—Miren todos los árboles que hay a nuestro alrededor —dijo Kimo a aquellos que se habían agolpado para escuchar historias sobre el viaje—. Miren todo lo lejos que puedan. Más allá de las colinas y las montañas hay más árboles. Piensen en todas las hojas de todos esos árboles. Esa es la cantidad de forasteros que hay.

Apenas se acababa de integrar de nuevo en la rutina de la vida en la selva, cuando a Rachel le llegó la noticia de otro asesinato cometido por los huaorani, esta vez el de un hombre quechua en el río Napo. Una vez más, la necesidad de alcanzar con el evangelio al pueblo de río abajo se hizo imperiosa, pero nadie estaba seguro de cómo abordar la tarea. Al llegar la Navidad, Don Smith sugirió a Rachel que utilizaran el método de línea en espiral para hacer descender un transmisor de radio hasta el grupo. De esa forma, Oncaye podría hablar con ellos y prepararlos para recibir a sus huéspedes de río arriba.

Todo se preparó minuciosamente. El transmisor se depositó en el fondo de una cesta y Don y Oncaye fueron en avioneta a dejarlo caer. Durante su ausencia, Rachel y Gikita dirigieron una reunión de oración en Tiwaeno, donde se oró fervorosamente para que esta vez la misión tuviera éxito.

Cuando la avioneta aterrizó de regreso en el poblado, Oncaye salió de la cabina saltando:

—¡He hablado con mi hermano Tyaento! —exclamó—. Vamos a encontrarnos en el campo de Moipa dentro de dos días. Quiere que le lleve un hacha.

En Tiwaeno, todo el mundo esperaba que Oncaye no estuviera cayendo en una trampa, y Rachel Saint era una de las personas más preocupadas.

Capítulo 16

Los años pasan

Oncaye, Dawa, Kimo y Dyuwi partieron por el sendero para encontrarse con la familia de Oncaye. Rachel esperó ansiosamente junto al receptor de radio esperando recibir noticias de cómo les había ido a los cuatro. Finalmente, tres días después de que partieran, la radio cobró vida. Era Oncaye, y sus palabras hicieron que a Rachel se le saltaran las lágrimas. Muy emocionada, les contó que al llegar allí se encontró con su madre, que esperaba para recibir al grupo. Al parecer, el cuerpo en descomposición que habían descubierto durante el viaje anterior era el de una prima de Oncaye, no el de su madre. Pronto, otros miembros de la familia de Oncaye fueron saliendo de la espesura y caminando hacia el claro para reunirse con sus parientes, a los que no veían desde hacía mucho tiempo.

Dawa también habló con Rachel. Igualmente, estaba muy contenta de haber podido ver a sus parientes, pero le explicó que una cuñada de Oncaye, llamada Wina, se encontraba muy enferma debido a la mordedura de una serpiente venenosa. De hecho, habían abandonado a Wina a su suerte, dejándola en su hamaca para que muriera, pero Dawa le había puesto una inyección de suero antiofídico de su maletín médico y había orado por ella. Tras escuchar la noticia, Rachel pensó que posiblemente Wina necesitara más cuidados médicos, así que animó a Dawa y a los demás a llevarla a Tiwaeno.

Wina accedió a dejar que Kimo cargase con ella por el sendero, hasta el poblado de sus parientes de río arriba. Les llevó siete días de duro esfuerzo trasladarla hasta Tiwaeno, pero llegó viva y acompañada por otros diez miembros de la familia de Oncaye. Los cristianos de Tiwaeno recibieron con cariño a los parientes de Oncaye y, al cabo de un tiempo, la mayoría de los recién llegados se había convertido también a Cristo.

Todos seguían muy preocupados debido a los otros grupos sin contactar de huaoranis que aún vivían río abajo. Nadie sabía con exactitud cuántos había, pero en junio de 1968 Oncaye y su madre se dispusieron a averiguarlo. Esta vez no fue difícil. Sus viejos enemigos se encontraban debilitados debido a su exposición al virus de la gripe. Muchos de ellos apenas podían caminar y recibieron encantados la invitación a ir a Tiwaeno, donde podían obtener ayuda médica.

Rachel dio la bienvenida al primer pequeño grupo de huaoranis afectados por la gripe que llegaron acompañados por Oncaye y su madre. Inmediatamente, envió un mensaje por radio al hospital de Shell Mera preguntando qué tipo de tratamiento médico debían aplicarles y, poco a poco, otros grupos rezagados procedentes de río abajo fueron presentándose en la aldea.

Cuando Rachel pudo detenerse un momento a contar cuántos huaoranis habían llegado, descubrió que tenían allí a noventa y tres personas de aguas abajo. Contando los once miembros de la familia de Oncaye que ya vivían con ellos, la cifra de recién llegados se elevaba hasta las ciento cuatro personas, lo que igualaba el número de habitantes que tenía en aquel momento el poblado, que en los diez años que Rachel llevaba viviendo allí había pasado de cincuenta y seis a, precisamente, ciento cuatro personas.

Todos los recursos materiales de la comunidad tuvieron que estirarse al máximo. Los hombres saludables de Tiwaeno tenían que cazar para el doble de personas que antes, y las mujeres debían recorrer una distancia aun mayor en busca de bananas y plantaciones de Yuca. Rachel se sentía orgullosa de la forma en que la comunidad se relacionaba con sus antiguos enemigos, pero también le preocupaba qué ocurriría cuando los hombres de río abajo recuperaran sus fuerzas. Aquellos hombres eran asesinos endurecidos y lo más probable es que pensaran que alimentar a un enemigo era un síntoma de debilidad de parte de los que los atendían.

No obstante, los cristianos de Tiwaeno hicieron todo lo posible para asegurarse de que sus huéspedes comprendieran el cambio que se había producido en sus corazones.

—Aquí no matamos a los demás —anunciaron—. Tampoco tomamos a una hermana de nuestra esposa ni a ninguna otra mujer que no quiera estar

casada con nosotros. Aquí obedecemos a los grabados de Dios. Vivimos felizmente y en paz, poniendo
nuestra fe en el Dios que nos hizo a todos.

En conjunto, a excepción de unos pocos estalli-
dos de irritación, la gente de río abajo se comportó
razonablemente bien durante su estancia en Tiwaeno. Una vez superado el brote de gripe, cuando empezaron a recuperar las fuerzas, varios de los hombres limpiaron un trozo de terreno a unos kilómetros
de distancia y levantaron allí su propio poblado.

El siguiente desafío al que tuvo que enfrentarse
Rachel fue algo más serio que la gripe: el virus de
la poliomielitis. El primer diagnosticado con la enfermedad fue un huaorani de río abajo, y la noticia
llegó el 2 de septiembre de 1969, el mismo día que
comunicaron a Rachel la muerte de su madre. Sin
embargo, era tal la carga de trabajo que ella y los
demás cristianos de Tiwaeno tenían en ese momento
debido al cuidado de los enfermos que abarrotaban
el poblado, que Rachel apenas tuvo tiempo para llorar el fallecimiento de Katherine Saint.

El pueblo de río abajo aún seguía convencido de
que las enfermedades y los fallecimientos eran el resultado de las maldiciones recibidas, así que cuando
empezaron a enfermar, inmediatamente buscaron a
su alrededor a alguien a quien culpar. Rachel tuvo
que ir por el poblado recogiendo lanzas recién aguza-
das que partía en sus rodillas, enfrentándose a cualquiera que mostrara la intención de hacerle daño a
alguien. Su estrategia funcionó, pero el virus de la
polio se cobró un precio devastador. La enfermedad
siguió su curso y al cabo de un tiempo ya habían
muerto catorce personas y otras nueve se encontraban muy graves.

Los médicos del hospital de Shell Mera se hicieron cargo de los nueve pacientes de polio que aún resistían y construyeron pulmones de acero de funcionamiento manual, con el fin de mantenerlos vivos. Unas organizaciones benéficas que colaboraban con la universidad de Wheaton enviaron muletas y sillas de ruedas para los afectados, y también llegaron enfermeras y fisioterapeutas para colaborar con las labores de rehabilitación. Pero ni siquiera todos estos esfuerzos lograron evitar la muerte de otros dos pacientes.

Una de las enfermeras que fue a ayudar a los enfermos de polio de Tiwaeno se llamaba Rosi Jung, y era alemana. A Rachel le encantó desde el principio su forma tranquila y eficiente de actuar, y Rosi no tardó en ser contratada como ayudante permanente de Rachel. A ella se le unió Catherine, que ya había terminado su doctorado y había sido asignada también de forma estable para trabajar con la tribu huaorani.

La presencia de tres misioneras permitía llevar a cabo una cantidad mucho mayor de trabajo. Rachel y sus dos ayudantes decidieron centrarse en la alfabetización y, poco después, un creyente llamado Tona empezó a destacar en los estudios. Rachel lo animó a convertirse en maestro y Tona aceptó el desafío de ayudar a su pueblo a aprender a leer y escribir.

Los que estaban en Tiwaeno estimaban en unas doscientas personas el número de huaoranis que todavía vivían en la selva. A uno de estos grupos lo llamaban «el pueblo de las cumbres».

Cuando les llegó la noticia de que los operarios de una compañía petrolífera tenían previsto deforestar la zona de las cumbres donde vivían aquellos

huaoranis, Tona, que creía que su hermana Omade
vivía allí, sintió el deseo de hacer algo, así que pidió
al piloto de un helicóptero de la compañía petrolífera
que le permitiera saltar en paracaídas sobre el lugar.
Era un plan muy arriesgado y, además, a Rachel le
preocupaba que si fracasaba dejaría a Tiwaeno sin la
persona que mejor leía, y sin un profesor. Sin embargo, Tona le aseguró que Dios le había llamado para
llevar el evangelio al pueblo de las cumbres.

Cuando Tona partió para cumplir su misión, Rachel permaneció en contacto con él por radio. Para
su gran alivio, todo pareció ir bien. Tona le informó
que había encontrado a su hermana y su hermano, y que ambos le habían recibido muy bien. Cada
mañana, le transmitía por radio sus progresos a Rachel. El grupo escuchaba la enseñanza de los grabados de Dios y varias personas habían mostrado su
interés en regresar con él para conocer a los creyentes de Tiwaeno.

Entonces, el 5 de junio de 1970, Tona informó
a Rachel de que huaoranis de las cumbres planea-
ban celebrar una gran fiesta en un lugar cercano. Al
principio Tona pensó que lo más seguro para él era
mantenerse alejado de aquel evento, pero tras orar
toda la noche, le contó que había decidido quedarse
y predicarles el evangelio a todos.

Pasó un día, luego el siguiente. La radio seguía
en silencio. Catherine y Dawa sobrevolaron la zona
del claro donde se había celebrado la fiesta para ver
si podían divisar a Tona, pero todo lo que vieron fueron chozas convertidas en cenizas. Nadie sabía qué
le había sucedido a Tona, pero Rachel pensaba que
de haber seguido vivo ya habría encontrado la forma
de ponerse en contacto con ellos.

Los años pasan

Mientras tanto, Rachel recibió un mensaje de la organización Socios de Wycliffe, un grupo de personas que apoyaba la labor de la organización y querían que Rachel fuera a Estados Unidos a recorrer el país promoviendo el conocimiento de la misión que desempeñaban los traductores de Wycliffe. También querían que llevara con ella a varios cristianos huaoranis. Como solía ocurrir en estos casos, Rachel no quería ir. Le preocupaba qué habría sido de Tona, y no podía dejar de pensar en los huaoranis que aún no habían sido alcanzados por el evangelio y que vagaban por la zona de las cumbres. Pero una vez acabó cediendo ante la insistencia de los Socios de Wycliffe, y accedió a llevarse con ella a Kimo, Dawa, Gikita y Sam, el hijo de Dayuma. Cuando llegó el momento de partir, la primavera de 1971, aún no tenían noticias de Tona.

Las reuniones informativas sobre los aucas, que se celebraron a lo largo y ancho de Estados Unidos, tuvieron más éxito y fueron más agotadoras de lo que Rachel jamás habría imaginado. El grupo voló durante dos meses de ciudad en ciudad. Rachel y Sam, que ya era un joven con una buena formación, se turnaron en la labor de hacer de intérpretes de los demás durante las innumerables campañas evangelísticas y programas de televisión en los que aparecieron. A veces, Rachel tenía la sensación de que no había un estadounidense que no les conociera, y aunque intentaba proteger al grupo lo mejor que podía de la sobreexposición a los medios, lo cierto es que resultaba casi imposible.

En un determinado momento Dawa cayó enferma, y Rachel se preguntó si realmente todo aquel esfuerzo había valido la pena. La única razón por la que continuaron hasta el final el recorrido fue el gran número de personas que le comentaron a ella, y a los demás misioneros de Wycliffe, que los testimonios de los cristianos huaorani les habían desafiado a salir al extranjero como misioneros.

Cuando el grupo regresó a la región de Oriente, Rachel, que ya tenía cincuenta y siete años, se encontraba al borde de un colapso nervioso. Catherine y Rosi no tuvieron que insistir mucho para convencerla de que necesitaba tomarse un descanso. Por primera vez en muchos años, Rachel volvió sola a Estados Unidos.

Durante su estancia allí, recibió de Catherine la triste noticia de que Tona había muerto asesinado a lanzadas por sus familiares. Estos mismos familiares le habían contado a Dyuwi que las últimas palabras de Tona habían sido: «Podrán matarme, pero no tengo miedo. Simplemente iré al cielo».

Cuando recibió la noticia, Rachel supo al instante que el primer mártir huaorani ya estaba en el cielo, junto a su hermano y sus padres.

Durante su estancia en Estados Unidos aprovechó también para enfrentarse a sus problemas de vista. Había desarrollado cataratas y tenía que hacer algo al respecto. Se operó para recuperar la visión en el ojo derecho. Sin embargo, no se quedó en casa el tiempo suficiente como para operarse también el ojo izquierdo. Rachel sintió que no debía demorarse allí, a la espera de la segunda operación. Tenía que regresar al lado de su pueblo, que ahora la necesitaba más que nunca.

Unos diez años antes, las compañías petrolíferas y el Gobierno de Ecuador habían llegado a un acuerdo y decidido trazar una línea que delimitaba el territorio de los huaorani. Lo llamaron protectorado, pero a Rachel le recordaba a las reservas indias de Estados Unidos. El protectorado incluía unos ciento sesenta kilómetros cuadrados de terreno, una décima parte del territorio tradicional de la tribu, y no concedía a los huaoranis ningún derecho sobre las riquezas mineras o petrolíferas que se descubrieran en sus tierras. La extensión del protectorado era claramente insuficiente para que los huaoranis pudieran sobrevivir practicando sus actividades tradicionales, es decir, la caza, la pesca y la recolección de frutas y vegetales. Al principio, el tamaño del territorio no constituyó un problema, ya que las compañías petrolíferas no patrullaban sus fronteras y los huaoranis se trasladaban con libertad mucho más allá de sus límites. Pero ahora las cosas habían cambiado, y las propias condiciones de la selva cambiaron también. Los colonos que vivían junto a los límites del protectorado cazaban con armas de fuego y pescaban con redes comerciales, reduciendo enormemente el número de animales y peces. Pero lo peor de todo es que muchas de las compañías petrolíferas comenzaron a usar dinamita y DDT en la zona, y pronto algunos arroyos y ríos se quedaron sin pesca.

Todo esto era nuevo y asombroso para los huaorani. Su pueblo no podía recordar una época en la que la selva no hubiera producido suficiente caza y vegetación como para que pudieran comer y construir sus chozas. Pero ahora, ante sus mismas narices, las cosas que necesitaban para mantener su cultura viva desaparecían, y en el exterior a nadie parecía importarle.

Rachel regresó a Oriente dispuesta a hacer todo lo que pudiera para arreglar la situación. A su llegada a Tiwaeno, encontró viviendo allí a Patricia Kelly, una nueva misionera de Wycliffe. Patricia había ido con la misión de implantar un programa de alfabetización más eficiente. Aquel era el trabajo para el que Rachel había entrenado a Tona, pero ahora que él había muerto hacía falta que alguien enseñara a la gente a leer y escribir.

Además, Rachel notó otros cambios. La iglesia de los Hermanos de Plymouth había enviado un misionero que había levantado una escuela y una iglesia para los quechuas, justo en los límites del protectorado. Muchos de los creyentes huaoranis empezaron a asistir allí a la escuela, lo que hizo que se disolvieran los intrincados y complejos vínculos que habían hecho progresar a la comunidad cristiana de Tiwaeno.

Aquellos cambios produjeron bastante inquietud en Rachel, pero tanto si le gustaban como si no, lo que estaba claro es que la vida en el poblado no volvería a ser la misma. El siguiente cambio se produjo cuando Wycliffe envió otra pareja a la zona: el doctor Jim Yost y su esposa Kathie. Los Yost fueron con el objetivo de llevar a cabo un estudio antropológico sobre las forma de vida de los huaoranis. Sus hallazgos confirmaron lo que Rachel siempre había sabido: antes de la llegada del cristianismo, los huaoranis habían vivido vidas cortas y violentas.

Jim Yost se dedicó a entrevistar a los miembros de la tribu. Mediante un cuestionario que cubría un espacio de seis generaciones, descubrió que un 61% de los huaoranis habían muerto atravesados por lanzas, un 13% había muerto por heridas de arma de fuego ocasionadas por extranjeros, un 12% había muerto por enfermedad, el 4% por picaduras de serpientes, otro 4% eran bebés y niños que habían sido enterrados vivos, y el 6% había fallecido por causas desconocidas.

En 1976, un equipo de seis científicos de la Universidad de Duke se unió a la investigación. Rachel tuvo la impresión de que, de repente, todo el mundo quería saber cómo se adaptaba una tribu selvática de la edad de piedra al invasor mundo moderno. Los investigadores descubrieron que los huaoranis habían contraído algunas enfermedades nuevas, como la sarna y varias enfermedades pulmonares procedentes del exterior. Algunas de ellas las habían introducido los hombres huaoranis que habían buscado empleo en los campos petrolíferos. En 1977, diez hombres huaoranis trabajaban para una de estas compañías; un año después ya eran treinta. El flujo de dinero a los poblados huaoranis produjo un cambio aun mayor en sus habitantes. Los huaoranis tenían ahora que aprender a trabajar a cambio de dinero y a comprender cómo gastarlo sabiamente. A menudo se aprovechaban de ellos, ya que no sabían contar hasta cifras altas y tampoco conocían el valor real de los productos.

En la cultura tradicional huaorani, los miembros de la tribu lo compartían todo. Pero con la llegada de mercancías del exterior, las cosas se volvieron diferentes. Por primera vez, los huaoranis querían poseer sus propias cosas: radios, ropas y cerbatanas se convirtieron en objetos codiciados y provocaron discusiones y peleas.

Todos estos factores llevaron a Jim Yost a escribir un sorprendente informe a los líderes de los Traductores Wycliffe de la Biblia. Al menos, a Rachel le resultó sorprendente, y su asombro creció conforme avanzó en la lectura:

Recomiendo retirar a los misioneros de SIL del protectorado durante un tiempo, de forma que los huaoranis puedan aprender a valerse por sí mismos. A su regreso, los obreros deberían esparcirse entre los diferentes asentamientos, en lugar de concentrarse en Tiwaeno. Es necesario aumentar el trabajo de traducción en Limoncocha con ayuda de colaboradores huaoranis...

Es necesario detener la migración desde la zona de las cumbres, al menos hasta que podamos contar con más terreno y los recién llegados puedan arreglárselas por su cuenta, sin depender de la ayuda de sus parientes del protectorado.

Por primera vez en muchos años, Rachel tuvo que enfrentarse al hecho de que Wycliffe la veía como una misionera más, que trabajaba temporalmente con la tribu, alguien que podía ser trasladada a otro lugar en cualquier momento. En sus casi veinte años viviendo con los huaoranis, doce de ellos en soledad, Rachel había llegado a sentirse como una huaorani más, y no como alguien de fuera. Los huaorani eran su pueblo, y lloró solo de pensar en alejarse de ellos.

Sin embargo, finalmente, Rachel se sometió a los deseos del liderazgo de Wycliffe y decidió alejarse de la tribu. No le dijo a nadie cuánto tiempo estaría fuera, porque ella misma no lo sabía. Además, de todos modos necesitaba ausentarse durante un corto espacio de tiempo, ya que sus ojos se habían ido debilitando hasta el punto de estar casi ciega. Había llegado el momento de operarse de nuevo.

Con un gran peso en el corazón, subió a bordo de la avioneta del JAARS y esta comenzó a deslizarse por la pista que ella misma había ayudado a construir con sus propias manos. Los rostros de cien huaoranis la contemplaban mientras la avioneta cogía velocidad. Por las mejillas de muchos de ellos corrían abundantes lágrimas, mientras el aparato se elevaba del suelo. Rachel recordaría siempre aquel momento como el más doloroso de toda su vida.

Rachel voló primero a Quito y después a Florida, donde la operaron con éxito de ambos ojos. A sus sesenta y cinco años se sentía de nuevo capacitada y bien de salud, y estaba lista para volver a Tiwaeno. Sin embargo, era consciente de que no podía. En lugar de ello, regresó a Quito y se quedó a vivir en una habitación de las oficinas centrales de SIL/ Wycliffe. Rachel seguía deseando regresar a su hogar en Tiwaeno, pero intentaba contentarse trabajando duro en su traducción de la Biblia. En una entrevista concedida a un biógrafo, confesó: «Hace veinte años empecé a traducir la Biblia al auca. Luego tuve que dejar de lado esa tarea para ayudar a la gente. Al parecer les ayudaba demasiado bien, y me vi obligada a sacrificar mi principal propósito. Mi traducción marcha con mucho retraso. Hay personas que empezaron con otras lenguas, en otros lugares del mundo, muchos años después que yo, y hace ya mucho tiempo que acabaron. Ha llegado el momento de que ponga en orden mis prioridades. Tengo que terminar la labor que empecé, el trabajo por el que Nate y los demás murieron».

La edad no transformó a Rachel en una persona con más tacto. Cuando el biógrafo le recordó que algunos opinaban que los huaorani habrían estado mejor si ella nunca se hubiera ido a vivir con la tribu, replicó: «No lo crea. Los aucas no iban a seguir siempre aislados. Ese es solo un hermoso cuento de hadas imaginado por los conservacionistas. Con los colonos y los obreros de las compañías petrolíferas deambulando por la selva, más tarde o más temprano se habría producido un baño de sangre, y solo Dios sabe quien habría salido peor parado. Al cabo de una década, lo más probable es que no hubieran quedado aucas ni tampoco idioma auca que conservar. Estas personas que se consideran a sí mismas tan bienintencionadas no tienen ni idea de lo que hablan... ¿Cuántos de ellsos han estado en la selva más de una semana, si es que han llegado a estar allí, y cuántos se han ocupado de verdad en estudiar el problema? Se limitan a volar hasta la zona, realizar lo que ellos llaman investigación, siempre a la velocidad del rayo, y luego se marchan otra vez volando, y no dejan de decir cosas sin sentido. Uno tiene que vivir de verdad en la selva y experimentar allí los problemas del día a día para saber cuáles son esos problemas».

Rachel regresó a la selva brevemente en junio de 1992 para asistir a la presentación de la traducción de todo el Nuevo Testamento a la lengua huaorani. Todas las personas que habían colaborado con ella en la traducción a lo largo de los años, incluidas Mary Sargent y Catherine Peeke, se encontraban allí. El clan de los Saint acudió también en gran número. Rachel tuvo la satisfacción de poder mostrarles a ocho de sus sobrinos y sobrinas Palm Beach y el poblado de Tiwaeno, lugares donde había pasado una gran parte de su vida.

Cerca de Palm Beach había surgido un nuevo asentamiento, llamado Tonampade (el poblado de Tona), y Dayuma se había trasladado a vivir allí. Rachel no cupo en sí de gozo cuando recibió la noticia de que Wycliffe/SIL le concedía permiso para regresar con los huaoranis y vivir con Dayuma en Tonampade. Acababan de diagnosticarle un cáncer y no le quedaba mucho más de vida. Independientemente del tiempo que le quedara, prefería pasarlo con su familia de adopción.

En noviembre de 1994 la salud de Rachel empeoró mucho, y no tuvo más remedio que dar permiso para que la trasladaran en avión hasta Quito, donde sus amigos Jim y Sharon Smith se habían ofrecido a cuidarla. Sabía que nunca más volvería a la selva, así que pasó sus últimos días allí reviviendo los momentos especiales que había pasado con los huaoranis. Recordó la ocasión en que oyó hablar por primera vez de Dayuma, y también el día en que se enteró que otro grupo de huaoranis había salido de la selva. Rememoró la primera oración titubeante de Dayuma y el día en que Kimo le dijo que habían estado hablando de los grabados de Dios mientras ella estaba fuera. También trajo a la memoria aquel tiempo en el que, siendo una chica de tan solo dieciocho años que viajaba en un barco de pasajeros a través del océano, tuvo la visión de unas personas desnudas en mitad de la selva, que le hacían señas para que se acercara y compartiera con ellos las buenas noticias. Aquella visión se había hecho realidad y estaba segura de haber vivido la vida que Dios había preparado para ella.

El 11 de noviembre de 1994, sintiéndose débil pero decidida, Rachel miró a Jim y a Sharon y les dijo:

—Bueno, creo que es mejor que me vaya al cielo y permitir así que puedan regresar a sus tareas cotidianas.

Dicho esto, comenzó a orar, alternado el español y el huaorani. Poco después, apretó la mano de Sharon y partió con el Señor.

Steve, un sobrino de Rachel, voló desde Florida a Quito para organizar el funeral. Al terminar el culto fúnebre, el cuerpo de Rachel fue trasladado sobrevolando por última vez su amada selva hasta Tonampade. Cien huaoranis esperaban en la pista de aterrizaje para dar la bienvenida a Nimu en su regreso a su hogar. Dayuma y Dawa rompieron a llorar nada más tocar la pista las ruedas del avión, y todos los demás no tardaron en seguir su ejemplo.

Los huaoranis llevaron el ataúd de Rachel hasta la iglesia y celebraron allí su propio culto fúnebre, tras el cual, Rachel fue enterrada junto a la iglesia, a poca distancia de la tumba de su hermano Nate.

La última persona en tomar la palabra durante la ceremonia fue Minkayi.

—Ella nos llamaba hermanos. Nos dijo cómo creer. Ahora está en el cielo. Está en el cielo, feliz y riendo. Solo los que creen irán allí.

Komi, el marido de Dayuma, asintiendo, añadió:

—Dios está preparando una casa para todos nosotros, y allí es donde veremos a Nimu de nuevo.

Dawa se unió a sus palabras:

—El hermano de Nimu vino y nosotros lo matamos, no hicimos bien. Vino Nimu y creímos, hicimos bien.

Elliot, Elisabeth. *Portales de esplendor*. Grand Rapids, Mi.: Portavoz, 1985.

Hefley, James y Marti. *Unstilled Voices*. Chappaqua, NY.: Christian Herald Books, 1981.

Hitt, Russell T. *Jungle Pilot*. Grand Discovery House Publishers, 1997. Grand Rapids: Discovery House Publishers, 1997.

Kingsland, Rosemary. *A Saint Among Savages*. Londres: Collins, 1980.

Wallis, Ethel Emily. *Dayuma: Life Under Waorani Spears*. Seattle: YWAM Publishing, 1996.

El matrimonio Janet y Geoff Benge, marido y mujer, forman un equipo de autores con una experiencia de más de veinte años. Janet fue maestra de escuela elemental. Geoff es licenciado en Historia. Ambos sienten pasión por revivir la historia para una nueva generación de lectores. Naturales de Nueva Zelanda, los Benge residen cerca de Orlando, Florida.